はしがき

■外国人雇用ニーズの増加

　令和3年11月30日に総務省が公表した令和2年国勢調査人口等基本集計によると、令和2年10月1日時点における我が国の人口は1億2,614万6,000人。平成27年と比べると人口は94万9,000人減少となっています。この数字をみて皆様はどう感じるでしょうか。「やっぱり減っているんだな」と感じる人もいれば「思ったよりも減っていないな」という人もいるでしょう。実は、この数字については少し説明が必要です。

　令和2年10月1日時点の日本人の人口は平成27年と比べ178万3,000人の減少（平成27年から1.4%減、年平均0.29%減）である一方、在留外国人の人口は平成27年と比べると83万5,000人の増加（平成27年から43.6%増、年平均7.51%増）となっています。日本人の人口だけみれば178万3,000人減少しており、外国人の人口が83万5,000人増加した差が94万9,000人という数字になっているのです。多くの人が、国勢調査における人口には日本に在留する外国人の人口も含まれているということを認識していない可能性があります。そのため「94万9,000人減少」という数値をみても、それほどインパクトを感じていないのかもしれません。しかし、内訳を知ると感じ方も大きく変わると思います。また、高齢化率や合計特殊出生率の数値をみれば、今後も日本人の人口減少はますます加速することが予想されます。

　各産業に目を向けると、経済産業省の発表によればIT人材は2030年に45万人不足するとみられています。また平成31年4月より日本の人手不足が顕著な介護分野、建設分野、宿泊分野、農業分野等の12分野において外国人を雇用するための新たな在留資格で

ある「特定技能」が創設されました。このような事例からもわかるように、もはや日本人のみで我が国の産業すべてを支えることは困難な状況となっています。企業はこれを将来の話ではなく、すでに起こっている目の前の話であることを念頭に置いて、ビジネスを行わなければなりません。

　身近なところでいえば、都市部のコンビニのスタッフが、数年前からほとんど外国籍の人に取って代わっているのもその一例となります。他の産業においても、同様のことが起こると予想して行動しなければならない時代となってきました。国勢調査の人口等基本集計に外国人の人口も含まれることや、その比率も年々増加していることを理解し、ビジネスを構築しなければならない時代なのです。

　事実、厚生労働省が発した「『外国人雇用状況』の届出状況のまとめ【本文】（令和2年10月末現在）」によると、外国人労働者数は平成27年の約90万8,000人から令和2年の約172万4,000人へと飛躍的に増加しています。5年間で約2倍もの伸び率となっているこの数字も、前述した状況を物語っている事実の1つといえるでしょう。

　このような時代において、AIやロボットの導入とともに外国人雇用は無視できないものです。どちらか一方ということではなく、相互に進展していかなければならないものと考えられます。外国人雇用に関しては、仮に自社では外国人の力を借りず事業が成立する構造だとしても、取引先に外国人が多く在籍しているというケースは、この先、十分に考えられます。良好な取引関係を構築するため、自社でも外国人を雇用せざるを得ない可能性はあるでしょう。外国人の力を借りなければ衰退してしまう産業もある中で、人材不足を補うだけではなく、優秀な外国人材が自社を成長へと導くことも、各産業で多く証明されています。

　これから企業が外国人雇用に関してどのように舵を切るのか、そ

して雇用した外国人に対していかに誠実に対応するのか、今後の企業の雇用競争力等に大きな影響を与えることが予見されます。

■本書の対象とする在留資格について

　本書は、主に自社で外国人労働者の雇用・管理を担当する人事労務部門等の人、これから在留資格関連業務に従事しようと考えている行政書士、在留資格関連業務を行っているがもう少し知識を拡張したいという行政書士などの日々の業務に少しでも役立つことを目的として上梓させていただきました。そのため、主に就労系の在留資格がメインとなっています。

　また、就労系の在留資格でもそれぞれ取扱いが大きく異なります。本書では、主にデスクワークが想定され、一定水準以上の業務に従事する「技術・人文知識・国際業務」、「企業内転勤」、「経営・管理」、「高度専門職」、「技能」などの在留資格を「ホワイトカラー系の在留資格」として、現場作業が許される「技能実習」、「特定技能」の在留資格を「ブルーカラー系の在留資格」として、それぞれ章を分けて記しています。

　昨今の入管行政においては、出入国管理及び難民認定法（以下、「入管法」という）およびその関連法令のみならず、労働関連法令の遵守も重要な要素となりつつあり、平成31年4月に創設された「特定技能」では、入管法制と労働法制の両方からの管理に加え、税法の遵守も必要となります。本書は入管法、労働法、税法の観点から、これ1冊あれば人事労務担当者等が何かお困りの際に逆引き的な使い方ができるようQ&A方式で構成されており、また熟読していただければそれぞれの分野における専門的知識を得られるものとなっています。

■入国在留手続関係申請取次業務の流れ

　第1章で詳しく説明していますが、海外に居住している外国人を新たに採用する場合、主に2つの手続きが必要となります。日本国内での在留資格認定証明書交付申請と海外での査証申請です。採用担当者や行政書士等は、この在留資格認定証明書交付申請についてそれぞれ手続きをすることとなります。採用担当者と行政書士は、それぞれ権限に違いがあります。採用担当者は、雇用先の会社の職員等代理人として、出入国在留管理局へ雇用予定の申請人に関する在留資格認定証明書交付申請をすることが可能です。

　では、行政書士にはどのような権限があるのでしょうか。入管法施行規則6条の2第4項1号および2号に、行政書士は「申請の取次ぎ」が認められている旨の記載があります。これは申請人または代理人から依頼を受けて、これらの者に代わって在留資格認定証明書交付申請にかかる書類の提出および提示を行うことができるというものです。この「申請の取次ぎ」が行える行政書士は「所属する行政書士会を経由してその所在地を管轄する地方局長に届け出たもの」とされ、届出済証明書を所持しているものに限られます。行政書士には申請の取次権限しかないため、書類の訂正などはできません。権限は書類の提出および提示にとどめられています。そのため、申請書に誤植等がある場合は職印訂正による対応か、当日の申請はとりやめ後日修正した申請書をもって再度申請するなどの措置を必要とします。

■外国人の雇用に関する労務・税務の項目の重要性

　このように、我が国の産業において外国人雇用はどんどん増加しています。そのため、会社は雇用している外国人が安心して業務に従事し、日本での生活を送れるようにすべく、労務や税務に関する

事項についても誠実に対応する必要があります。

　原則として日本で働く外国人は、労働関係諸法令や各種税法について日本人と同様の取扱いを受けることとなりますが、一方で日本人と異なる労務や税務に関する取扱いも存在します。

　日本おいては、例えば、入管法は行政書士、労働法については社会保険労務士、税法については税理士と様々な国家資格者がおり、専門領域が分かれています。しかしながら、外国人雇用に関しては在留資格のみならず、労務や税務の領域をまたいで関連性を理解した上で業務を進めていくことが重要です。これを踏まえて、第4章で外国人雇用に関する労務、第5章で外国人雇用に関する税務についてそれぞれ解説しています。なお、税務については、今回は概要を説明するにとどめています。

　本書は、実務上よくある質問に対する回答というかたちで、Q&A形式を採用しています。本書が皆様の日々の実務に役立つことを祈っています。

　最後に、本書の刊行にあたり、ご尽力いただいた株式会社日本法令に、この場を借りて心から感謝の意を表したく、厚く御礼申し上げます。

　令和4年11月

RSM汐留パートナーズ株式会社

代表取締役　前川　研吾

も　く　じ

第1章

外国人雇用の法務　～受入れ検討時～

Ⅲ　採用後の手続きの進め方

Ⅶ インターンシップ

Ⅷ 不法就労

第2章

外国人雇用の法務　～ホワイトカラー系の在留資格～

Ⅰ　総　論

Ⅴ　高度専門職1号

Ⅵ　技　　能

Ⅶ 届出等在留管理

第3章

外国人雇用の法務　～ブルーカラー系の在留資格～

Ⅰ 総 論

Ⅱ 特定技能

Ⅲ 技能実習

V 採用後の人事労務管理

VI　退職・解雇

Ⅶ　退職後の手続き

第5章

外国人雇用の税務

Ⅰ　総　　論

Ⅱ　居住者（永住者）・居住者（非永住者）・非居住者

Ⅲ　所　得　税

凡　例

　本書では、法令等の表記につき、本文等で以下のように省略しています。

正式名称	略称
出入国管理及び難民認定法	入管法
労働施策の総合的な推進並びに労働者の雇用の安定及び職業生活の充実等に関する法律	労働施策総合推進法
入国・在留審査要領	審査要領
出入国管理及び難民認定法7条1項2号の基準を定める省令	上陸基準省令
住民基本台帳法	住基法
外国人の技能実習の適正な実施及び技能実習生の保護に関する法律	技能実習法
特定技能外国人受入れに関する運用要領	特定技能運用要領
労働基準法	労基法
労働安全衛生法	安衛法
労働安全衛生規則	安衛則
労働者災害補償保険法	労災保険法
労働者派遣事業の適正な運営の確保及び派遣労働者の保護等に関する法律	労働者派遣法
育児休業、介護休業等育児又は家族介護を行う労働者の福祉に関する法律	育児介護休業法
最低賃金法	最賃法
外国人労働者の雇用管理の改善等に関して事業主が適切に対処するための指針	外国人雇用管理指針
特定技能雇用契約及び一号特定技能外国人支援計画の基準等を定める省令	特定技能基準省令

　※　令和4年10月時点の法令に基づいています。

◆表記例

出入国管理及び難民認定法第70条第1項第4号➡入管法70①四

第1章

外国人雇用の法務
～受入れ検討時～

I　総　論

1．外国人を雇用する手続き

Q 1

外国人に働いてもらうには、どのような手続きが必要
ですか。

A　雇用する外国人が海外にいるのか、それとも国内に在留してい
るのかで手続きが異なります。

(1)　海外にいる場合

海外にいる場合、入国までに必要な手続きは以下の通りです。

① 在留資格認定証明書交付申請

会社の職員や取次権限のある行政書士などが、日本の出入国在留
管理局（法務省管轄）に在留資格認定証明書（俗に「CoE」といい
ます）の交付申請を行い、在留資格認定証明書の交付を受けます
（**資料1－1**）。

この申請は誰でもできるわけではなく、法律で定められた代理人
や取次権限のある行政書士など、特定の人のみ行うことができま
す。なお、外国人本人が短期滞在で日本へ来て直接申請を行うこと
も可能ですが、結果を知らせる通知は日本国内にしか配送されま
せん。

◆資料１−１　在留資格認定証明書サンプル

別記第六号の四様式（第六条の二関係）

在　留　資　格　認　定　証　明　書

CERTIFICATE OF ELIGIBILITY

日　本　国　政　府　法　務　省　　　　　　番号

Ministry of Justice, Japanese Government

氏　名 Name Family Name　Given Name	性別 Sex	写真　photo
国籍・地域 Nationality /Region	生年月日　　　　年　　月　　日 Date of Birth	

日本での職業及び勤務（通学）先等
Profession or Occupation/Organization to be employed or to study in Japan

上記の者は、次の在留資格に関して出入国管理及び難民認定法第７条第１項第２号に掲げる上陸のための条件に適合していることを証明します。

Under the following status, it is hereby certified that the above-mentioned person meets requirement for the landing provided in Article 7, Paragraph 1, Item 2 of the Immigration-Control and Refugee-Recognition Act.

在留資格
Status　　　　　　　　　　　　　　　　　　（　　　　　　　　）

年　　月　　日
Date

出入国在留管理局長

Director General of the　　　　　　Regional Immigration Services Bureau

（注意）Notice

1　本証明書は、上陸の許可そのものではなく、本証明書を所持していても、在外公館において査証を取得していなければ上陸を許可されません。

This certificate is not an entry permit. Even if you have this certificate, you are not admitted into Japan unless you get an entry visa at a Japanese Embassy or Consulate abroad.

2　本証明書は、上記の年月日から３月以内に査証と共に入国審査官に提出して上陸の申請を行わないときは、効力を失います。

This certificate should be submitted to an Immigration Inspector with an entry visa for the landing permission at the port of entry, and shall cease to be valid if the application for landing permission is not filed within 3 months from the date of issue.

3　本証明書は、上陸の許可を保証するものではなく、他の上陸のための条件に適合しない場合又は事情の変更があった場合は上陸を許可されないことがあります。

This certificate does not guarantee the entry of the person concerned. In case that an applicant does not fulfill other requirements for landing or the relevant circumstances are found to be changed, the landing permission would be denied.

② 査証（VISA）申請・在留カードの受取り

　海外にいる外国人へ在留資格認定証明書を送り、在外日本大使館／領事館にて査証（VISA）申請を行います。査証（VISA）が発給されたら日本へ上陸し、在留カードを受け取ります。

◆資料１－２　日本国査証（VISA）サンプル

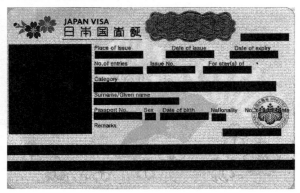

(2)　国内在住の場合

　国内に在留していて、すでに何らかの在留資格を保有している外国人は、必要に応じて在留資格変更許可申請もしくは「所属機関等に関する届出」を行います（☞Q22）。なお、「永住者」等活動に制限がない外国人は、これらの手続きは必要ありません。

　在留資格を変更する必要はないが、在留期限が迫っている場合は、「所属機関等に関する届出」とともに、入社予定の会社を所属機関とした在留期間更新許可を申請することとなります。

　転職の際、新たな就職先でも就労可能かを出入国在留管理局が審査してくれる就労資格証明書の交付申請は任意となります。

2. 外国人の雇用・在留資格の管理をする上での注意点

Q₂

外国人を雇用したり、在留資格の管理をしたりする上では、どのような点に注意が必要でしょうか。

A 気をつけなければならない点は数多くあります。

(1) 文化や雇用慣行のギャップ

厚生労働省「外国人雇用対策の在り方に関する検討会（第3回）」で示された資料「外国人労働者の職場・地域における定着」によれば、「外国人労働者の雇用管理に関して有識者研究会で得られた示唆」の1つに、「外国人社員との間で起こる労働条件等のトラブルの要因として、母国と日本の間の文化や雇用慣行のギャップがあげられること」とあります。各企業が労働関係法令等と租税関係法令等を遵守し、外国人労働者へ丁寧に説明することが必要と考えられます。

(2) 在留資格の取得と維持

内定を出しても在留資格を得られなければ日本で活動することができませんし、雇用後に在留資格の範囲を逸脱した就労があれば外国人は資格外活動となり、企業は不法就労助長罪に問われかねません。入管法や関連法令の正確な理解が難しい場合は、外部の専門家の意見を求めることができる体制を整えることをお勧めします。

3. 雇用時に出入国在留管理局に行う手続き 以外の必要事項

Q 3

外国人を雇用した場合、出入国在留管理局に対する手続きの他に何をする必要がありますか。

A まず、採用を決定した外国人が自社で就労する際に適正な在留資格を有しているかを確認します。在留カードの確認は本人であることを確かめるため、面前で行うことが望ましいです。

在留カードおよび特別永住者証明書が真正なものであることの確認には、出入国在留管理庁のホームページからダウンロードできる「在留カード等読取アプリケーション」を利用します。ICチップ内に記録された情報をもとに、在留カード等の券面上に印字されている内容をそのまま画面に表示できます（**資料1−3〜1−5**）。

もし適正な就労資格を有していない人や不法残留者等を雇用、活動させ、報酬を与えてしまった場合、会社は不法就労助長罪（入管法73の2）となる可能性があり、該当した場合は「3年以下の懲役若しくは300万円以下の罰金に処し、又はこれを併科する」とされています。これらの処罰は、該当すると知らなかったからといって、免れることはできないとされている点に注意が必要です。

なお、外国人を雇用した際には、労働施策の総合的な推進並びに労働者の雇用の安定及び職業生活の充実等に関する法律（以下、「労働施策総合推進法」といいます）により、事業主に「外国人雇用状況届出書」の提出義務があります（☞**Q205**）。

◆資料1-3　在留カード等読取アプリケーション　情報入力画面

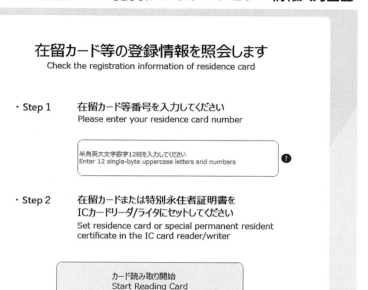

◆資料1-4　在留カード等読取アプリケーション　正常な在留カードの読取結果画面

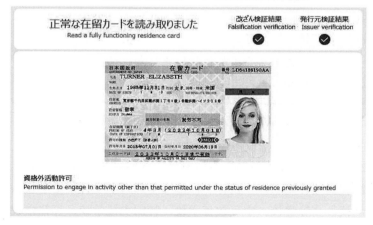

◆資料1-5 在留カード等読取アプリケーション 異常な在留カードの読取結果画面

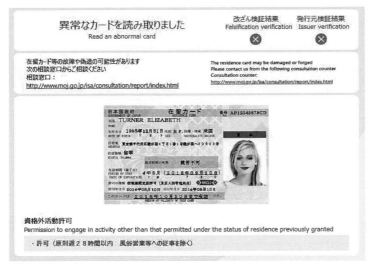

出典：出入国在留管理庁「在留カード等読取アプリケーション利用マニュアル」

---

4. 各在留資格の活動内容に関する確認

Q 4

高校で英語を教えている外国人が、英会話講師として
一般企業に就職することとなりました。注意すべきこと
はありますか。

A 同じ業務内容ではありますが、この場合は在留資格の変更が必
要になります。

各在留資格で行うことができる活動は、入管法別表で確認しま
す。入管法別表第一の二の「教育」には「本邦の小学校、中学校、
義務教育学校、高等学校、中等教育学校、特別支援学校、専修学校

又は各種学校若しくは設備及び編制に関してこれに準ずる教育機関において語学教育その他の教育をする活動」とあります（**図表1－2**）。このことから高校で英語を教える活動は「教育」の在留資格が適切と判断されます。

　一方、一般企業において英会話講師として活動する場合は、「教育」には該当せず、「技術・人文知識・国際業務」の在留資格に変更する必要があります。

　また、大学で英語を教える活動は、入管法別表第一の一に「本邦の大学若しくはこれに準ずる機関又は高等専門学校において研究、研究の指導又は教育をする活動」とある、「教授」の在留資格が適切となります（**図表1－1**）。

●図表1－1　在留資格一覧表（入管法別表第一の一関係）

在留資格	本邦において行うことができる活動	該当例	在留期間
外　　交	日本国政府が接受する外国政府の外交使節団若しくは領事機関の構成員、条約若しくは国際慣行により外交使節と同様の特権及び免除を受ける者又はこれらの者と同一の世帯に属する家族の構成員としての活動	外国政府の大使、公使、総領事、代表団構成員等及びその家族	外交活動の期間
公　　用	日本国政府の承認した外国政府若しくは国際機関の公務に従事する者又はその者と同一の世帯に属する家族の構成員としての活動（この表の外交の項に掲げる活動を除く。）	外国政府の大使館・領事館の職員、国際機関等から公の用務で派遣される者等及びその家族	5年、3年、1年、3月、30日又は15日
教　　授	本邦の大学若しくはこれに準ずる機関又は高等専門学校において研究、研究の指導又は教育をする活動	大学教授等	5年、3年、1年又は3月
芸　　術	収入を伴う音楽、美術、文学その他の芸術上の活動（二の表の興行の項に掲げる活動を除く。）	作曲家、画家、著述家等	5年、3年、1年又は3月
宗　　教	外国の宗教団体により本邦に派遣された宗教家の行う布教その他の宗教上の活動	外国の宗教団体から派遣される宣教師等	5年、3年、1年又は3月
報　　道	外国の報道機関との契約に基づいて行う取材その他の報道上の活動	外国の報道機関の記者、カメラマン	5年、3年、1年又は3月

●図表１－２　在留資格一覧表（入管法別表第一の二関係）

在留資格	本邦において行うことができる活動		該当例	在留期間
高度専門職	１号 　高度の専門的な能力を有する人材として法務省令で定める基準に適合する者が行う次のイからハまでのいずれかに該当する活動であって、我が国の学術研究又は経済の発展に寄与することが見込まれるもの	イ　法務大臣が指定する本邦の公私の機関との契約に基づいて研究、研究の指導若しくは教育をする活動又は当該活動と併せて当該活動と関連する事業を自ら経営し若しくは当該機関以外の本邦の公私の機関との契約に基づいて研究、研究の指導若しくは教育をする活動	ポイント制による高度人材	5年
		ロ　法務大臣が指定する本邦の公私の機関との契約に基づいて自然科学若しくは人文科学の分野に属する知識若しくは技術を要する業務に従事する活動又は当該活動と併せて当該活動と関連する事業を自ら経営する活動		
		ハ　法務大臣が指定する本邦の公私の機関において貿易その他の事業の経営を行い若しくは当該事業の管理に従事する活動又は当該活動と併せて当該活動と関連する事業を自ら経営する活動		
	２号 　１号に掲げる活動を行った者であって、その在留が我が国の利益に資するものとして法務省令で定める基準に適合するものが行う次に掲げる活動	イ　本邦の公私の機関との契約に基づいて研究、研究の指導又は教育をする活動		無期限
		ロ　本邦の公私の機関との契約に基づいて自然科学又は人文科学の分野に属する知識又は技術を要する業務に従事する活動		
		ハ　本邦の公私の機関において貿易その他の事業の経営を行い又は当該事業の管理に従事する活動		
		ニ　２号イからハまでのいずれかの活動と併せて行う一の表の教授、芸術、宗教、報道の項に掲げる活動又はこの表の法律・会計業務、医療、教育、技術・人文知識・国際業務、介護、興行、技能、特定技能２号の項に掲げる活動（２号イからハまでのいずれかに該当する活動を除く。）		

経営・管理	本邦において貿易その他の事業の経営を行い又は当該事業の管理に従事する活動（この表の法律・会計業務の項に掲げる資格を有しなければ法律上行うことができないこととされている事業の経営又は管理に従事する活動を除く。）	企業等の経営者・管理者	5年、3年、1年、6月、4月又は3月
法律・会計業務	外国法事務弁護士、外国公認会計士その他法律上資格を有する者が行うこととされている法律又は会計に係る業務に従事する活動	弁護士、公認会計士等	5年、3年、1年又は3月
医療	医師、歯科医師その他法律上資格を有する者が行うこととされている医療に係る業務に従事する活動	医師、歯科医師、看護師	5年、3年、1年又は3月
研究	本邦の公私の機関との契約に基づいて研究を行う業務に従事する活動（一の表の教授の項に掲げる活動を除く。）	政府関係機関や私企業等の研究者	5年、3年、1年又は3月
教育	本邦の小学校、中学校、義務教育学校、高等学校、中等教育学校、特別支援学校、専修学校又は各種学校若しくは設備及び編制に関してこれに準ずる教育機関において語学教育その他の教育をする活動	中学校・高等学校等の語学教師等	5年、3年、1年又は3月
技術・人文知識・国際業務	本邦の公私の機関との契約に基づいて行う理学、工学その他の自然科学の分野若しくは法律学、経済学、社会学その他の人文科学の分野に属する技術若しくは知識を要する業務又は外国の文化に基盤を有する思考若しくは感受性を必要とする業務に従事する活動（一の表の教授、芸術、報道の項に掲げる活動、この表の経営・管理、法律・会計業務、医療、研究、教育、企業内転勤、介護、興行の項に掲げる活動を除く。）	機械工学等の技術者、通訳、デザイナー、私企業の語学教師、マーケティング業務従事者等	5年、3年、1年又は3月
企業内転勤	本邦に本店、支店その他の事業所のある公私の機関の外国にある事業所の職員が本邦にある事業所に期間を定めて転勤して当該事業所において行うこの表の技術・人文知識・国際業務の項に掲げる活動	外国の事業所からの転勤者	5年、3年、1年又は3月
介護	本邦の公私の機関との契約に基づいて介護福祉士の資格を有する者が介護又は介護の指導を行う業務に従事する活動	介護福祉士	5年、3年、1年又は3月
興行	演劇、演芸、演奏、スポーツ等の興行に係る活動又はその他の芸能活動（この表の経営・管理の項に掲げる活動を除く。）	俳優、歌手、ダンサー、プロスポーツ選手等	3年、1年、6月、3月又は15日
技能	本邦の公私の機関との契約に基づいて行う産業上の特殊な分野に属する熟練した技能を要する業務に従事する活動	外国料理の調理師、スポーツ指導者、航空機の操縦者,貴金属等の加工職人等	5年、3年、1年又は3月

特定技能	1号	法務大臣が指定する本邦の公私の機関との雇用に関する契約（入管法第2条の5第1項から第4項までの規定に適合するものに限る。次号において同じ。）に基づいて行う特定産業分野（人材を確保することが困難な状況にあるため外国人により不足する人材の確保を図るべき産業上の分野として法務省令で定めるものをいう。同号において同じ。）であって法務大臣が指定するものに属する法務省令で定める相当程度の知識又は経験を必要とする技能を要する業務に従事する活動	特定産業分野に属する相当程度の知識又は経験を要する技能を要する業務に従事する外国人	1年、6月又は4月
	2号	法務大臣が指定する本邦の公私の機関との雇用に関する契約に基づいて行う特定産業分野であって法務大臣が指定するものに属する法務省令で定める熟練した技能を要する業務に従事する活動	特定産業分野に属する熟練した技能を要する業務に従事する外国人	3年、1年又は6月
技能実習	1号	イ　技能実習法上の認定を受けた技能実習計画（第一号企業単独型技能実習に係るものに限る。）に基づいて、講習を受け、及び技能等に係る業務に従事する活動	技能実習生	法務大臣が個々に指定する期間（1年を超えない範囲）
		ロ　技能実習法上の認定を受けた技能実習計画（第一号団体監理型技能実習に係るものに限る。）に基づいて、講習を受け、及び技能等に係る業務に従事する活動		
	2号	イ　技能実習法上の認定を受けた技能実習計画（第二号企業単独型技能実習に係るものに限る。）に基づいて技能等を要する業務に従事する活動		法務大臣が個々に指定する期間（2年を超えない範囲）
		ロ　技能実習法上の認定を受けた技能実習計画（第二号団体監理型技能実習に係るものに限る。）に基づいて技能等を要する業務に従事する活動		
	3号	イ　技能実習法上の認定を受けた技能実習計画（第三号企業単独型技能実習に係るものに限る。）に基づいて技能等を要する業務に従事する活動		法務大臣が個々に指定する期間（2年を超えない範囲）

	ロ　技能実習法上の認定を受けた技能実習計画（第三号団体監理型技能実習に係るものに限る。）に基づいて技能等を要する業務に従事する活動	

出典：出入国在留管理庁「在留資格一覧表」

5.　人材紹介会社や人材派遣会社利用時の留意点

Q 5

人材紹介会社や人材派遣会社を利用して外国人を雇用する場合の留意点について教えてください。

A　適法に許可を取得した人材紹介会社や人材派遣会社を利用することはもちろん、紹介・派遣される外国人が、就労に適切な在留資格を有しているかの確認も必要です。新たに在留資格を取得して外国人を雇用する場合、人材紹介と人材派遣では在留資格関連手続に**図表１－３**のような違いが生じます。

●図表１－３　人材紹介会社と人材派遣会社利用時の比較

	人材紹介	人材派遣
手続き上の所属機関はどこか	当該外国人を雇用する企業	派遣元会社
どの会社の適正性等が審査されるか	当該外国人を雇用する企業	派遣元会社・派遣先企業
どの会社での業務内容が審査されるか	当該外国人を雇用する企業	派遣先企業

人材派遣を利用時の在留資格関係の手続きは、派遣元の人材派遣会社と派遣先企業それぞれが出入国在留管理局の審査対象となり、必要書類を用意する必要があります。

---

6. 外国人が転職により入社する場合の留意点

Q 6

> 転職により、当社へ入社予定の外国人がいます。採用にあたり留意すべき点があれば教えてください。

A　現在の在留資格のまま、その外国人を雇用することができるのか確かめる必要があります。

　在留カード表面の「就労制限の有無」欄に「就労不可」の記載がある場合、原則として雇用できません。例えば「留学」の在留カードは「就労不可」の記載があります（**資料1−6**）。この場合、在留カード裏面の「資格外活動許可欄」に「許可：原則週28時間以内・風俗営業等の従事を除く」もしくは「許可：資格外活動許可書に記載された範囲内の活動」の記載がある場合はその範囲内で就労可能です（**資料1−7**）。

　また在留カード自体の真正性を確認するため、在留カードの原本を本人の面前で確認することや、アプリケーションを使用することなどが望まれます（☞**Q3**）。

　なお、在留カードを所持していなくても就労可能なケースもあります。例えば「技術・人文知識・国際業務」の在留資格は、在留期間が3月以下の場合に在留カードが付与されず、パスポートに貼られる証印シールを確認することとなります。

◆資料１－６　在留カードサンプル　表面

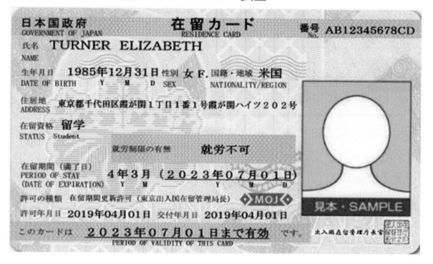

◆資料１－７　在留カード　裏面

出典：出入国在留管理庁ホームページ

7. 行政書士等法律の専門家に依頼するメリット

Q 7
行政書士等法律の専門家に頼むメリットは何ですか。

[A] メリットは様々ありますが、例をあげれば、コンプライアンスです。

　例えば雇用している外国人労働者の職務内容を変更する際、専門家の意見を聞くことで、外国人労働者は資格外活動等の不法就労活動を避けることができます。企業も不法就労活動をさせた等による不法就労助長罪への該当を避けることができます。

　資格外活動を行ってしまった外国人は「1年以下の懲役若しくは禁固若しくは200万円以下の罰金に処し、又はその懲役若しくは禁固及び罰金を併科する」（入管法73）こととして刑罰の適用を受けます。また、これらを専ら行っていると明らかに認められる場合には、「3年以下の懲役若しくは禁固若しくは300万円以下の罰金に処し、又はその懲役若しくは禁固及び罰金を併科する」（入管法70①四）として、より重い刑罰の適用があります。さらに、退去強制の対象になります（入管法24四イ）。

　一方、企業は外国人労働者に不法就労活動をさせた場合、「3年以下の懲役若しくは300万円以下の罰金に処し、又はこれを併科する」（入管法73の2）とあります。併せて、その後の出入国在留管理局での審査が難しくなる可能性も考えられます。

　すべての事案について相談が必要というわけではないですが、困ったときに頼れる専門家を確保しておくとよいでしょう。

Ⅱ 在留資格と就労可否

1. 活動内容に沿った在留資格を有する外国人を雇用する必要性

Q 8

会社の募集事項に沿う人材であれば、どのような外国人でも採用可能ですか。

A 外国人を雇用する場合、募集事項に沿った人材かつ、活動内容に沿った在留資格が取得できる要件を備えていることが重要です。

「技術・人文知識・国際業務」を例とすると、属人的な要件の代表例として、日本での業務内容と関連する **(1)** 学歴（「大学を卒業し又はこれと同等以上の教育」等）や **(2)** 実務経験として関連した業務に従事した期間が10年以上、「国際業務」の場合は3年以上が必要となります。

(1) 学　歴

「大学を卒業し又はこれと同等以上の教育」については基本的に学位で判断することが有効です。しかし、入国・在留審査要領（以下、「審査要領」といいます）によると、学位を取得していない場合でも、文部科学省編「諸外国の学校教育」に当該国の高等教育機関として位置付けられている機関を卒業していれば「技術・人文知識・国際業務」を取得できる場合があります。例えば、英国籍の人の履歴書の学歴の欄に「Level 5 NVQ Diploma」と記載されている

場合、一見「大学を卒業し又はこれと同等以上の教育」に該当しないと判断しそうになりますが、「高等教育（機関）」に該当するため要件を満たしています。またこれらの学歴を有していなくとも、情報処理系の業務に従事する人は、一定の資格、いわゆるIT告示の資格を有していればよいとされています。

(2)　実務経験・職歴

　職歴については、職業活動として従事した期間をいい、教育機関（夜間学部を除きます）に所属している間にアルバイト的に従事した期間は含まないとされています。インターンは一定の責任と生産活動に携わっているか否かなど判断が難しい場合がありますが、まずは純然たる職業活動期間で10年以上若しくは3年以上であるかを計算することをお勧めします。

　なお、出入国管理及び難民認定法7条1項2号の基準を定める省令（以下、「上陸基準省令」といいます）において、教育機関において従事しようとする業務にかかる科目を専攻した期間を含む旨の規定があるものについては、当該期間を含めることができます。

2.　法人営業に従事する外国人を採用する場合の在留資格

Q 9

「法人営業」で外国人を採用したいのですが、どのような在留資格を取得することとなりますか。

Ａ　考えられる代表的な就労系の在留資格は、(1)「技術・人文知識・国際業務」、(2)「企業内転勤」、(3)「高度専門職1号ロ」です。

(1) 「技術・人文知識・国際業務」

　「営業」というと、日本では文系学部卒のイメージを持つことが多いと思いますが、要件に該当すれば、他学部でも「営業」の業務に従事することは可能です。

　出入国在留管理庁が公表している「『技術・人文知識・国際業務』の在留資格の明確化について」によれば、「技術・人文知識・国際業務」の要件として「従事しようとする業務に必要な技術又は知識に関連する科目を専攻して卒業していること」とあります。例えば、コンピュータ工学部を卒業した人が、システム開発会社の営業職に従事するとします。法人に営業するにあたりコンピュータ工学部にて履修してきた科目の学術的素養を使って営業をする場合は、先の要件に該当することとなります。

(2) 「企業内転勤」

　「企業内転勤」においては、学歴要件も実務経験の要件もないため、外国人の学術的素養や実務経験にかかわらず、「営業」の業務に従事することができます。

(3) 「高度専門職1号ロ」

　「技術・人文知識・国際業務」に該当する「高度専門職1号ロ」においては、「技術・人文知識・国際業務」とほぼ同様に考えても差し支えありませんが、ポイント（☞**Q80**）に加算される「職歴」の実務経験について違いがあるので注意が必要です。

　なお、学歴と業務との関連性については、「（前略）大学における専攻科目と従事しようとする業務の関連性については、従来よりも柔軟に判断しています（海外の大学についてもこれに準じた判断を

しています。)。（後略）」（出入国在留管理庁「『技術・人文知識・国際業務』の在留資格の明確化等について」）とありますが、どの程度柔軟に判断されるのかが難しいところです（☞**Q59**）。

3. 内定待機のための「特定活動」

Q 10

大学を卒業する見込みの外国人留学生に内定を出すこととなりました。本採用までに注意すべき点はありますか。

A 外国人留学生に内定を出した際に注意が必要なのは、大学卒業後から雇用開始日まで期間が空いている場合です。

例えば、9月末に大学を卒業後、11月1日の雇用開始に備えて「留学」から「技術・人文知識・国際業務」への在留資格変更許可申請をしているとします。

(1) 内定待機のための在留資格「特定活動」の活用

① 卒業後も「留学」の在留期間に余裕があり、資格外活動でアルバイトをしようとする場合

「留学」にかかる資格外活動許可で、大学を卒業してから雇用開始日までアルバイトをすることは、資格外活動違反となってしまいます（☞**Q44**）。また採用企業も不法就労助長罪に問われかねません。

大学卒業から雇用開始日までの間が空いている場合は、在留資格を内定待機のための「特定活動」へ変更しましょう。その申請の際に資格外活動許可を得れば、アルバイトをすることが可能です。

② 雇用開始日までの間に在留期間の満了日を迎えてしまう場合

　一定の要件を満たせば、在留資格を内定待機のための「特定活動」へ変更することができ、間をつなぐことができます。

　①②ともに、雇用開始日に間に合うように「特定活動」から適切な就労系の在留資格へ変更許可申請を行えば問題ありません。

(2)　内定待機のための「特定活動」の要件

① 日本の教育機関を卒業したことまたは教育機関の課程を修了したこと
② 内定後1年以内であって、かつ、卒業後1年6月以内に採用されること
③ 企業等において従事する活動が「技術・人文知識・国際業務」等就労にかかるいずれかの在留資格への変更が見込まれること
④ 内定者の在留状況に問題がないこと
⑤ 内定者と一定期間ごとに連絡をとること、内定を取り消した場合は遅滞なく出入国在留管理局に連絡することについて内定先の企業が誓約すること

4.　在留資格の審査期間の短縮

Q 11

即戦力採用なのですぐにでも就労を開始させたいです。何か方法はありますか。

A　残念ながら審査のスピードをあげる確実な方法はありません。どうしても早く許可を得る必要がある場合は、その理由を記載した

文書を申請先の出入国在留管理局へ提出することが可能です。

　また、申請構造自体から検討するのは効果的手段です。例えば「技術・人文知識・国際業務」で申請をしようとする場合、カテゴリーが低い企業（出入国在留管理庁の審査はカテゴリー制（☞**Q24**）を導入して審査の迅速化、簡素化を図っています）では必要書類が多く、準備に時間がかかるとともに審査期間も長くなります。そのような場合、審査期間短縮の優遇措置がある「高度専門職1号ロ」で申請できないか検討します。もし「高度専門職」での申請が可能であれば、大幅に審査期間を短縮できます。

5.「高度専門職1号ロ」の外国人の中途採用における注意点

Q 12

「高度専門職1号ロ」の外国人を中途採用することを検討しています。注意すべき点はありますか。

A　「高度専門職」で在留中の外国人の転職にともなう中途採用には注意が必要です。

　「高度専門職」の外国人は、法務大臣によってパスポートに添付された「指定書」で働く場所を指定されています。そのため、職場を変えるたびに在留資格変更許可申請が必要になります。

　「高度専門職」の在留資格を持っている人の中途採用を受け入れる場合、「技術・人文知識・国際業務」に倣って、出入国在留管理庁に対して「所属機関等に関する届出」を行えばよいという考えが浸透しているように見受けられます。

高度専門職の外国人は指定書で指定された場所以外で働くことは原則として禁止されているので、在留資格変更許可申請を行い、新たな在留カードとパスポートに指定書が添付されるまでは新しい職場で就労することはできません。

6. フィリピン国籍の人材の雇用に関する事前の手続き

Q 13

> フィリピン国籍の人材を雇用することとなりました。
> 何か事前の手続きは必要でしょうか。

A　フィリピン国籍の外国人を雇用する場合には、一段と注意が必要なことがあります。それは、フィリピン海外雇用庁（POEA）の日本出張所である駐日フィリピン大使館海外労働事務所（POLO）または在大阪フィリピン総領事館労働部門で企業登録等一定の手続きが必要になるということです。フィリピンでは海外で就労するフィリピン国籍者を不当な労働環境から保護するため、このような手続きを設けています。

　この手続きを経ないで、他の外国籍の人と同様の手続きのみでフィリピン国籍者を雇用した場合、フィリピンの空港において問題が発覚します。駐日フィリピン大使館海外労働事務所（POLO）または在大阪フィリピン総領事館労働部門での手続きが終わった後、フィリピン海外雇用庁（POEA）により海外雇用許可証（OEC）が発行されます。この海外雇用許可証（OEC）を所持していないとフィリピンから国外へ出国できないなどの問題が生じます。

7. 身分系在留資格を有する外国人を雇用する場合の留意点

Q 14

身分系の在留資格を有する外国人を雇用する場合に留意すべき点はありますか。

A 身分系の在留資格とは入管法別表第二に記載されている「永住者」、「日本人の配偶者等」、「永住者の配偶者等」、「定住者」をいいます（**図表1－4**）。これらはいずれも制限なく就労可能なので、日本人と同様に雇用することができます。ただし、「永住者」以外は在留期限があるので、期限を経過しないよう在留期間更新許可申請が必要です。また「永住者」であっても、日本出国中に再入国許可の期限が切れた場合は「永住者」の在留資格そのものの効力がなくなります。みなし再入国で出国した場合は、1年以内に日本に帰国しなければなりません。もし1年以上の長期間日本を離れる予定があれば、みなし再入国ではなく、別途再入国許可を管轄の出入国在留管理局で取得してから出国するよう留意ください。

8. 日系人を雇用する場合の在留資格や就労可否における留意点

Q 15

日系人を雇用するのですが、在留資格や就労の可否について留意すべき点はありますか。

A 日系人を含め外国人を雇用する場合は、必ず在留カードの現物を確認します。日系人が主に有する在留資格は「日本人の配偶者

等」または「定住者」です。この2つは仕事の内容・時間ともに制限がなく、単純労働も可能な在留資格です。一方、日系人であっても上記以外の在留資格を有する場合は、その在留資格の範囲内での活動しか認められません。

●図表1－4　在留資格一覧表（入管法別表第二関係）

在留資格	本邦において有する身分又は地位	該当例	在留期間
永住者	法務大臣が永住を認める者	法務大臣から永住の許可を受けた者（入管特例法の「特別永住者」を除く。）	無期限
日本人の配偶者等	日本人の配偶者若しくは特別養子又は日本人の子として出生した者	日本人の配偶者・子・特別養子	5年、3年、1年又は6月
永住者の配偶者等	永住者等の配偶者又は永住者等の子として本邦で出生しその後引き続き本邦に在留している者	永住者・特別永住者の配偶者及び本邦で出生し引き続き在留している子	5年、3年、1年又は6月
定住者	法務大臣が特別な理由を考慮し一定の在留期間を指定して居住を認める者	第三国定住難民、日系3世、中国残留邦人等	5年、3年、1年、6月又は法務大臣が個々に指定する期間（5年を超えない範囲）

出典：出入国在留管理庁「在留資格一覧表」

9. 在留資格「特定活動」を有する外国人を 雇用する可否

Q 16

「特定活動」の在留資格を有する外国人を雇用すること は可能ですか。

A 「特定活動」の在留資格を有する外国人は、個々に就労の可否 が異なります。パスポートに添付された「指定書」という書類を見 ると、認められている活動内容が記載されており、就労の可否を確 認できます。「指定書」に「報酬を受ける活動を除く」と記載され ている場合は、就労が認められておらず、雇用できません。ただ し、別途資格外活動の許可があれば、1週について28時間以内のア ルバイト的な就労が可能になるケースもあります。

10. 受入機関である企業に求められるもの

Q 17

受入機関である企業に求められるものは何ですか。

A 企業の要件としては、主に (1) 契約締結、(2) 事業の継続 性、適正な (3) 報酬や (4) 業務内容があげられます。

(1) 契約締結

「高度専門職」、「研究」、「技術・人文知識・国際業務」、「介護」、 「技能」および「特定技能」の在留資格においては、入管法別表に おいて「本邦の公私の機関との契約に基づいて（後略）」とあるの

で、外国人労働者と雇用契約や業務委託契約等を締結する必要があります。

出入国在留管理庁では審査の迅速化、書類の簡素化を目的としてカテゴリー制を導入しています（☞**Q24**）。申請する際、所属機関がカテゴリー3以下である場合は「申請人の活動の内容等を明らかにする」ための資料として「労働基準法第15条第1項及び同法施行規則第5条に基づき、労働者に交付される労働条件を明示する文書」を提出する必要があります。必ずしも雇用契約書そのものを提出する必要はなく、「労働条件を明示する書類」であれば「労働条件通知書」などの提出も認められています。

(2)　事業の継続性

カテゴリー3以下の会社の提出書類には決算書類があり、継続性のある活動が可能かの判断材料にされていると推測されます。

(3)　報　　酬

「日本人が従事する場合に受ける報酬と同等額以上の報酬を受けること」、「日本人が従事する場合の報酬の額と同等以上であること」とあるので、注意が必要です（☞**Q18**）。場合によっては申請中の案件につき、管轄の出入国在留管理局から「社員リスト」「賃金台帳」の提出を追加で求められることがあります。

(4)　業務内容

業務内容について「1日および1週間の業務スケジュール」の提出を追加で求められる場合があります。申請人が行う予定の活動に対して、企業が十分に業務量を提供することが可能かを判断し、もしこれが消極的に判断されれば、在留資格該当性の部分において疑義が生じることとなります。

11. 外国人労働者の報酬設定

Q 18
外国人労働者の報酬をどの程度に設定すればよいでしょうか。

A 基本的な報酬の考え方と、主要な在留資格にかかる規定は以下の通りです。

(1) 報酬の考え方

報酬の原則的な考え方は、「報酬とは『一定の役務の給付の対価として与えられる反対給付』をいい、通勤手当、扶養手当、住宅手当等の実費弁償の性格を有するもの（課税対象となるものは除く。）は含まない」（審査要領）とされています。

また「『日本人が従事する場合に受ける報酬と同等額以上の報酬を受けること』又は『日本人が従事する場合の報酬の額と同等以上であること』については、報酬額を基準として一律に判断することは適切ではない。個々の企業の賃金体系を基礎に日本人と同等額以上であるか、また、他の企業の同種の職種の賃金を参考にして日本人と同等額以上であるかについて判断する。なお、この場合、外国人が大卒であればその企業の日本人大卒者の賃金を、専門職、研究職であればその企業の日本人専門職、研究職の賃金を参考にする。」とあります。

(2) 「経営・管理」、「研究」、「教育」、「技術・人文知識・国際業務」「企業内転勤」、「介護」、「興行」および「技能」にかかる規定

上陸基準省令において、「日本人が従事する場合に受ける報酬と

同等額以上の報酬を受けること」の旨の規定があります。

(3) 「特定技能」にかかる規定

特定技能雇用契約及び一号特定技能外国人支援計画の基準等を定める省令（以下、「特定技能基準省令」といいます）において、「日本人が従事する場合の報酬の額と同等以上であること」との規定があります。

12. 雇用契約ではなく業務委託契約の締結をもって日本に迎える可否

Q 19

最初は雇用ではなく、業務委託契約を締結して日本に迎えたいのですが、可能でしょうか。

A 「高度専門職」、「研究」、「技術・人文知識・国際業務」、「介護」、「技能」および「特定技能」の在留資格においては、入管法別表において「本邦の公私の機関との契約に基づいて（後略）」とあります。この契約には、雇用契約のほか、業務委託契約も含まれるので、業務委託契約を締結して日本に迎えることは可能です（一部の在留資格を除きます）。なお、出入国在留管理局は外国人が在留期間の間、継続して就労できるかを審査します。業務委託契約で外国人を受け入れる場合、概算の活動時間や安定して継続的に業務を提供できるだけの業務量が存在するか否かなどを事前に確認する必要があるでしょう。

13. 在留資格を得るための外国人個人の属性

Q 20

外国人が在留資格を得るためには、個人はどのような属性である必要があるのでしょうか。

A 例えば「技術・人文知識・国際業務」では、申請人が従事する業務に関して必要な技術および知識を修得していることが求められます（入管法7①ニ）。以下は主な基準の記載を簡略化したものです。

(1) 申請人が自然科学または人文科学の分野に属する技術または知識を必要とする業務に従事する場合（技術類型・人文知識類型）

① 技術もしくは知識に関連する科目を専攻して大学を卒業し、またはこれと同等以上の教育を受けたこと

② 技術もしくは知識に関連する科目を専攻して本邦の専修学校の専門課程を修了したこと

③ 10年以上の実務経験（大学、高等専門学校、高等学校、中等教育学校の後期課程または専修学校の専門課程において当該技術または知識に関連する科目を専攻した期間を含みます）を有すること

「大学を卒業」に続く「これと同等以上の教育」については、細かく定められています（☞ **Q8**）。採用面接の結果、とてもよい人が見つかったとしても、履歴書の欄で大学を卒業していないことで判断に迷う際は、専門家に相談することをお勧めします。

（2）　申請人が外国の文化に基盤を有する思考または感受性を必要とする業務に従事しようとする場合（国際業務類型）

① 　翻訳、通訳、語学の指導、広報、宣伝または海外取引業務、服飾もしくは室内装飾に係るデザイン、商品開発その他これらに類似する業務に従事すること

② 　従事しようとする業務について3年以上の実務経験を有すること。ただし、大学を卒業した者が翻訳、通訳または語学の指導に係る業務に従事する場合は、この限りではない

Ⅲ 採用後の手続きの進め方

1. 海外在住の外国人を採用した場合の手続き

Q 21

> 海外在住の外国人を採用した場合の手続きの進め方について教えてください。

A 手続きは、以下の手順で進めます。

(1) 雇用契約等労働条件に関する契約書締結

海外在住の外国人を日本の企業が直接契約を締結して雇用する場合、まず雇用契約等労働条件に関する契約書の締結から始まります。

(2) 在留資格認定証明書交付申請

企業の職員が申請代理人として、もしくは行政書士のような申請取次権限を与えられた人に委託して、日本の出入国在留管理局に対して在留資格認定証明書交付申請を行い、在留資格認定証明書の交付を受けます。在留資格認定証明書の有効期限は3か月です（新型コロナウイルス感染症の感染拡大の影響により、この有効期限が発行期間によって延長されたり、6か月になったりと特例措置が設けられています）。

(3) 査証（VISA）申請

　この在留資格認定証明書を海外にいる外国人労働者に送ります。外国人労働者はこの証明書をもって、管轄の在外日本大使館/領事館にて査証（VISA）申請を行います。

(4) 在留カードの受取り

　査証（VISA）が発給された後、査証（VISA）と在留資格認定証明書の有効期間内に日本の空港で上陸審査を経て、入国となります。新千歳空港、成田空港、羽田空港、中部空港、関西空港、広島空港および福岡空港においては中長期在留者には上陸許可に伴い、在留カードが公布されます。その他の空港から入国した中長期在留者については、入国後に市区町村に届け出た住居地宛てに在留カードが簡易書留で送付されます。

---

2. 国内在住の外国人を採用した場合の手続き

Q 22

> 国内在住の外国人を正社員で採用した場合の手続きの進め方について教えてください。

A 　国内在住の外国人を採用した場合、手続きはすべて日本国内で完了します。手続きの内容は、当該外国人の持つ在留資格によって異なります。

(1) 就労可能な在留資格を有している場合

　すでに「技術・人文知識・国際業務」などの就労可能な在留資格

を有している場合であれば、契約機関との契約が終了した場合や新たな契約機関と契約を締結した場合についての届出である「所属機関等に関する届出」を、届出事由が生じた日から14日以内に行うこととなります（**資料1－8・1－9**）。この届出は外国人に法的義務として課せられています。この際、特に注意しなければならないのは、新たな職場での業務内容と報酬額についてです。業務内容については、許可を受けた従前の企業のものと変わりがないのであれば問題ありません。

(2) 就労不可能な在留資格を有している場合

① 「留学」・「家族滞在」

在留資格変更許可申請を行う必要があります。審査が終了し、就労可能な新たな在留カードを取得するまでは、締結した労働条件による就労を開始することができないことに注意が必要です。

② 「企業内転勤」

「企業内転勤」は海外の会社からの在籍出向であり、出向元および出向先の両会社において雇用関係にあるという状態です。

この両社とは関係ない第三者である日本の企業と新たに雇用契約等労働に関する契約を締結したときは、「企業内転勤」には該当しないため、「技術・人文知識・国際業務」などの適切な在留資格への在留資格変更許可申請が必要になります。

③ 「高度専門職」

在留資格変更許可申請が必要です （☞**Q12**）。

◆資料1－8　所属機関等に関する届出　契約の終了

参考様式1の4（契約の終了）
(Contracting organization: termination)

契約機関に関する届出
NOTIFICATION OF THE CONTRACT

※ 記載時の注意事項

※ 必ず日本語か英語で記載してください。
　④の連絡先欄も確実に記載願います。

① 届出人　Applicant

英 字 氏 名　**TURNER ELIZABETH**
Name in English

※ 氏名は，在留カードのとおり英字で記入

性　別　**女** (Female)
Sex

生 年 月 日　**1995** 年　**4** 月　**1** 日
Date of Birth　　Year　　Month　　Day

国籍・地域　**米国**
Nationality/Region

住　居　地　〒 **100-8977**
Address in Japan　**東京都千代田区霞が関1丁目1番1号　霞が関ハイツ202**

※ 在留カードの記載に合わせる

在留カード番号　**A B　1　2　3　4　5　6　7　8　C D**
Residence card No.

在 留 資 格　　　　**技能** （ **Skilled Labor** ）
Status of residence

② 届出の事由（契約の終了）
Item of notification (Termination of the contract with the organization)

※ 現在，契約している会社との契約を終了したとき（辞めたとき）に届け出るものです。
　契約が終了した日から14日以内に届け出る必要があります。
　未来の日付の場合，受付できません。

契約が終了した年月日　**2019** 年　**8** 月　**1** 日
Date of termination　　　　Year　　Month　　Day

法人番号（13桁）　●●●●●●●●●●●●●
Corporate number

契約が終了した機関の名称　**株式会社ABC**
Name of the organization

契約が終了した機関の所在地　〒 **100-8977**
Address of the organization　**東京都千代田区霞が関1-1**

（電話 tel. **03-3592-○○○○**）※

③ 届出人（本人）の署名　Signature of the applicant

ELIZABETH TURNER

2019 年　**8** 月　**8** 日
Year　　Month　　Day

※ ③は必ず届出人（本人）の自筆　④電話番号欄も記入

④ 届出人又は届出代理人の連絡先
Contact telephone number of the applicant, representative or agent
該当するものを選んでください。check one of the following boxes　□ 届出人　applicant　■ 届出代理人　representative or agent

電話番号　Telephone No.　　　　　　　※
携帯電話番号　Cellular phone No.　**090-9876-○○○○**※

※ 本書中，※のついた連絡先については，届出内容の確認のため，連絡させていただく場合があります。

⑤ 届出代理人（本人　※ ⑤は本人にかわって代理人が届け出るときに記入　agent (in case of representative, agent or other)

氏　　　名　**入管花子**
Name

本 人 と の 関 係　**元雇用主**
Relationship with the applicant

住　　　所　〒 **100-●●●●**
Address　**東京都千代田区○○1-2**

届出年月日　**2019** 年　**8** 月　**12** 日
Date of notification　　Year　　Month　　Day

※ 「契約の終了」と「新たな契約の締結」を同時に届け出る場合には，「参考様式1の7」を使うと1枚で届け出ることができます。
　契約が終了した機関の名称や所在地は，在留資格の許可を受けたときにに提出した申請書に記載したものと同じものを書いてください。

出典：出入国在留管理庁ホームページ

参考様式1の5（新たな契約の締結）
(Contracting organization: new conclusion)

契 約 機 関 に 関 す る 届 出
NOTIFICATION OF THE CONTRACT

※ 記載時の注意事項

① 届出人 Applicant

※ 必ず日本語か英語で記載してください。
④の連絡先欄も確実に記載願います。

英 字 氏 名　TURNER ELIZABETH　　　　性 別　女 (Female)
Name in English　※ 氏名は、在留カードのとおり英字で記入　　Sex

生 年 月 日　1995 年　4 月　1 日　国 籍・地 域　米国
Date of Birth　Year　Month　Day　Nationality/Region

住 居 地　〒 100−8977
Address in Japan　東京都千代田区霞が関1丁目1番1号　霞が関ハイツ202　※ 在留カードの記載に合わせる

在留カード番号　A B 1 2 3 4 5 6 7 8 C D
Residence card No.

在 留 資 格　技術・人文知識・国際業務　(Engineer / Specialist in Humanities / International Services)
Status of residence

② 届出の事由（新たな契約機関との契約の締結）
Item of notification (Conclusion of a contract with a new organization)

※ 新たな契約機関と契約したときに届け出るものです。
契約を締結した日から14日以内に届け出る必要があります。
未来の日付の場合、受付できません。

新たな契約を締結した年月日　2019 年　8 月　1 日
Date of conclusion　Year　Month　Day

機 関 の 名 称　従前の機関　株式会社ABC　　新たな機関　DEFソフト株式会社
Name of the organization　Previous Org.　　New Org.

機関の法人番号(13桁)　従前の機関　●●●●●●●●●●●●●　新たな機関　▲▲▲▲▲▲▲▲▲▲▲▲▲
Corporate number　Previous Org.　　New Org.

機 関 の 所 在 地　従前の機関　〒 100−8977　　　　　　（電話 tel. 03−3592−○○○○）※
Address of the organization　Previous Org.　東京都千代田区霞が関1−1

新たな機関　〒 108−8255　　　　　　（電話 tel. 03−5796−○○○○）※
New Org.　東京都港区港南5−5−30

新たな機関における活動の内容
Details of activities at the new organization

システムエンジニア

※ 新しい契約機関での具体的な活動内容を記載してください（職業名でも可。）。
新たな契約機関での活動内容について確認する場合には、
最寄りの出入国在留管理官署に問い合わせてください。

③ 届出人（本人）の署名　Signature of the applicant

ELIZABETH TURNER　2019 年　8 月　8 日
Year　Month　Day

※ ③は必ず届出人（本人）の自筆　④電話番号欄も記入

④ 届出人又は届出代理人の連絡先
Contact telephone number of the applicant, representative or agent
該当するものを選んでください。check one of the following boxes　■ 届出人 applicant　□ 届出代理人 representative or agent

電話番号 Telephone No.　　　　※　携帯電話番号 Cellular phone No.　090−9876−○○○○※

※ 本書中，※のついた連絡先については，届出内容の確認のため，連絡させていただく場合があります。

⑤ 届出代理人（本人）　※ ⑤は本人にかわって代理人が届け出るときに記入　or agent (in case of representative, agent or other)

※「契約の終了」と「新たな契約の締結」を同時に届け出る場合には，「参考様式1の7」を使うと1枚で届け出ることができます。
契約が終了した機関の名称や所在地は，在留資格の許可を受けたときに提出した申請書に記載したものと同じものを書いてください。

出典：出入国在留管理庁ホームページ

3. 外国人の新卒採用に関する手続き

Q 23

外国人の新卒採用に関する手続きの進め方について
教えてください。

A 日本ではまだまだ一般的な4月入社の場合でスケジュールの例
をあげます。雇用開始日の前年の9月から10月に内定が最終確定、
申請のための資料を準備します。多くは12月上旬から中旬にかけ
て各出入国在留管理局にて4月入社の外国人の申請の受付がスター
トします。早ければ1月には申請した出入国在留管理局から審査終
了のハガキが届きます。しかし、すぐに新しい在留カードを受け取
れるわけではありません。卒業証書の原本提示や卒業証明書の原本
を提出することによって、新しい在留カードを受領し、晴れて就労
可能となります。

申請すべき管轄の出入国在留管理局についても検討が必要です。
従来は「住居地を管轄する地方出入国在留管理官署」となっていた
ので、例えば福岡の大学に通っている外国人大学生が東京の会社に
就職する場合、住居地である福岡出入国在留管理局で申請をするこ
ととされていました。昨今運用が変わり、就労予定地を管轄する出
入国在留管理官署で申請が可能となったようですが、令和4年10月
11日時点の、出入国在留管理庁のホームページ上にある在留資格
変更許可申請ページの「提出先」欄には、「住居地を管轄する出入
国在留管理官署（後略）」と記載されているので、申請前に出入国
在留管理局へ確認することをお勧めします。

4. カテゴリー制を活用した在留資格認定証明書交付申請における審査の迅速化

Q 24

> 雇用開始日が来ても在留資格認定証明書が交付されません。どうしたらよいでしょうか。

A 大前提として、あらかじめ審査期間を検討し、雇用開始日を調整することが重要です。

　外国人労働者を受け入れる企業としては、カテゴリー制を活用するという手があります。出入国在留管理庁は受入機関をカテゴリーで分けています（**図表１－５**）。カテゴリー１に近いほど、書類が簡素化され、審査の迅速化を期待できます。

　また、カテゴリーが低い企業でも以下のような認定等を受ければ、「⑨　一定の要件を満たす企業等」に該当することになり、カテゴリー１として審査されます。例として以下の４つをあげます。

① 都道府県労働局から「くるみん認定企業」、「プラチナくるみん認定企業」として認定を受けているもの
② 都道府県労働局から「えるぼし認定企業」、「プラチナえるぼし認定企業」として認定を受けているもの
③ 厚生労働省が所管する「職業紹介優良事業者認定制度」において、「職業紹介優良事業者」として認定を受けているもの
④ 厚生労働省が所管する「優良派遣事業者認定制度」において、「優良派遣事業者」として認定を受けているもの

●図表1-5　カテゴリー区分

カテゴリー	区分（所属機関）
カテゴリー1	次のいずれかに該当する機関 ① 日本の証券取引所に上場している企業 ② 保険業を営む相互会社 ③ 日本または外国の国・地方公共団体 ④ 独立行政法人 ⑤ 特殊法人・認可法人 ⑥ 日本の国・地方公共団体認可の公益法人 ⑦ 法人税法別表第一に掲げる公共法人 ⑧ 高度専門職省令1条1項各号の表の特別加算の項の中欄イまたはロの対象企業（イノベーション創出企業） ⑨ 一定の条件を満たす企業等
カテゴリー2	次のいずれかに該当する機関 ① 前年分の給与所得の源泉徴収票等の法定調書合計表中、給与所得の源泉徴収合計表の源泉徴収税額が1,000万円以上ある団体・個人 ② 在留申請オンラインシステムの利用申出の承認を受けている機関（カテゴリー1および4の機関を除きます）
カテゴリー3	前年分の職員の給与所得の源泉徴収票等の法定調書合計表が提出された団体・個人（カテゴリー2を除きます）
カテゴリー4	いずれにも該当しない団体・個人

出典：出入国在留管理庁ホームページ「カテゴリー区分について」より、作成

5. 雇用開始までに要する期間

Q 25

めぼしい人材をできるだけ早めに日本で雇用したいのですが、どのくらいの期間で進めることができますか。

A 就労に必要な申請が異なるため、一概に期間を明示することは難しいです。

出入国在留管理庁ホームページの「在留審査処理期間」ページには、四半期ごとに在留資格の種別ごとの処理期間が掲載されており、これが目安となります。しかし、この処理期間はすべてのカテゴリーを合わせたものなので、各カテゴリー別の申請状況を把握している行政書士などに問い合わせる方法もあります。

一般的には、在留資格認定証明書交付申請の手続きを経て海外にいる外国人の雇用を開始するより、すでに日本に在留している外国人を雇用するほうが、国外での手続きがない分、短期間で雇用を開始できます。「永住者」や「日本人の配偶者等」といった就労制限のない在留資格を有する外国人の場合は、出入国在留管理局への手続きを経ずに就労可能です。

「技術・人文知識・国際業務」のように新しい職場の業務に相応しい在留資格をすでに有する外国人を雇用する際は、出入国在留管理局に届出が必要ですが、雇用契約締結をもって就労開始できます。

一方、「家族滞在」の在留資格を有する外国人を新たに正社員として雇用するような場合は、雇用契約締結後に在留資格変更許可申請が必要です。申請の審査期間があるので、この期間を加味した採用スケジュールをたてる必要があります。審査終了後、就労に相応しい在留カードを受領した日から就労が可能となります。

6. 海外の子会社・支店勤務の外国人労働者を日本の親会社・本店へ呼び寄せる手続き

Q 26

> 海外の子会社や支店で勤務している外国人労働者を日本の親会社または本店へ呼び寄せる手続きについて教えてください。

A　親子会社・本支店関係にあるなど海外法人と日本法人が法で定められた一定の関係にある場合、外国人労働者は「企業内転勤」という在留資格を取得することで日本での就労が可能となります（☞ **Q64**～**Q71**）。

　まずは、就労予定の日本の会社等が出入国在留管理局へ在留資格認定証明書の交付申請をします。次に、交付された在留資格認定証明書を外国人に送付し、外国人が在外公館に査証（VISA）の発給申請をします。査証（VISA）を受けたパスポートと在留資格認定証明書を持って来日し、空港等での上陸審査を終え、在留カードが交付されることにより、「企業内転勤」の在留資格を得ることとなります。

7. 外国人留学生を雇用するための在留資格 申請が不許可となった場合の対応方法

Q 27

日本へ留学している学生を従業員として雇用するために 在留資格変更許可申請をしたのですが、不許可となって しまいました。今後どのような方法がありますか。

A 不許可となった理由が改善可能なものであれば、再申請することで許可されることがあります。不許可の通知を受けた場合、本人が直接出入国在留管理局へ出頭しなければなりません。そこで不許可の理由が職員から説明されます。

説明や提出資料が不足していたため、申請者の意図が伝わっていなかったことなどが原因であれば、それらの資料を提出するなどして再申請し、許可されることがあります。職務内容や報酬が原因であれば、事業主側でそれらを見直しできるかどうか検討し、再申請するかどうか判断します。

一方で、留学生の在留状況が悪いことが原因であれば、再申請からの許可は非常に難しいと考えます。例えば、学校の出席率が低いことはリカバリーできません。もし在留状況の悪さの程度が退去強制事由・在留資格取消事由などに該当せず、さほど悪質でない場合などは、一旦帰国し、新たに在留資格認定証明書交付申請するという選択肢も考えられます。在留資格認定証明書交付申請の審査においては、在留状況は審査対象にはならないとされているからです。

なお、不許可理由を聞いた後、在留期間の満了日を経過している外国人には出国準備のための在留資格「特定活動」がその場で付与されます。大概のケースでは31日の在留期間が与えられ、再申請をする場合は31日以内に行わなければいけません。31日以内に再

申請を行えば特例期間が与えられ、「特定活動」の在留期間の満了日から2か月以内は適法に在留できます。出入国在留管理局も2か月以内に審査を終了します。

8. 外国人労働者が家族を呼び寄せる場合の方法

Q 28

弊社での就労を予定している外国人労働者が、家族を呼び寄せたいと希望しています。可能でしょうか。

A 日本で就労する外国人の扶養家族は「家族滞在」という在留資格を得ることで、日本に滞在することができるようになります。ただし、「家族滞在」の在留資格が認められるのは、外国人労働者の配偶者と子どもに限られるので、親や兄弟を呼び寄せることはできません。また、配偶者とは法的に結婚していることが必要で、内縁関係は認められません。子どもにおいても実子のほか、日本で定める普通養子まで認められます。

9. 在留資格のオンライン申請

Q 29

オンライン申請の詳細を教えてください。

A 令和元年7月25日より、所属機関の職員等を対象にオンラインの在留手続きの受付が開始されたものの、利用者の制限や利用者自身による書類提出等の負担などの課題がありました。そこで更なる

利便性向上のため、令和4年3月16日より新たな在留申請オンラインシステムが開始されました。

(1)　在留資格オンライン申請の利用者

　在留資格オンラインシステムを利用できるのは、次の1～7に該当する人です（出入国在留管理庁ホームページ）。

◆在留資格オンラインシステム利用対象者

1. 所属機関（注1）の職員の方
   ※　技能実習（団体監理型）の場合は、監理団体の職員の方（実習実施者の職員の方は利用対象者に含まれません。）
2. 弁護士又は行政書士の方（注2）
3. 外国人の円滑な受け入れを図ることを目的とする公益法人の職員の方（注2・3）
4. 登録支援機関の職員の方（注2・3）
5. 外国人本人（注4）
6. 法定代理人
7. 親族（配偶者、子、父又は母）（注5）

（注1）　所属機関とは、外国人の方を受け入れている（受け入れようとする）本邦の公私の機関等（企業、学校等の教育機関、監理団体等）をいいます。

（注2）　2～4の方は、地方出入国在留管理官署において、申請等取次者として承認されている又は届出を行っている必要があります。

（注3）　3、4の方は、所属機関から依頼を受けている必要があります。

（注4）　中長期在留者でない方（在留資格が「外交」「公用」「短期滞在」の方や在留期間が「3月」以下の方など）及び15歳未満の方は利用できません。

（注5）　原則として、申請人が16歳未満の場合又は疾病その他の事由により自ら申請できない場合に限り、申請できます。

（2）　利用可能な申請種別

① 　在留資格認定証明書交付申請

② 　在留資格変更許可申請

③ 　在留期間更新許可申請

④ 　在留資格取得許可申請

⑤ 　就労資格証明書交付申請

⑥ 　②～④と同時に行う再入国許可申請

⑦ 　②～④と同時に行う資格外活動許可申請

　※ 　「外交」、「短期滞在」または「特定活動（出国準備期間）」の在留資
　　　格を有する人または当該在留資格への変更を希望する人は対象外です。

　弁護士または行政書士、外国人本人、法定代理人、親族（配偶者、子、父または母）は事前に在留資格オンラインシステムから利用者情報登録を行います。所属機関の職員、公益法人、登録支援機関の職員は、事前に出入国在留官署の窓口または郵送により利用申出を行い、承認を受ける必要があります。新規利用申出が承認され、有効期限後も継続してシステムの利用を希望する場合は、引き続き利用することが適当かどうかを確認するため、定期報告を行わなければなりません。

Ⅳ 採用後の外国人の 雇用管理

1. 外国人労働者に子どもが生まれた場合の 手続き

Q 30

外国人の従業員に子どもが生まれたのですが、どう すればよいでしょうか。

[A] 出生後も引き続き60日を超えて日本に在留する場合、まず、 子どもが生まれてから14日以内に住所地などの市区町村役場で出 生届を提出します。次に、生まれてから30日以内に出入国在留管 理局に在留資格取得許可申請をします。生まれた子どもは、外国人 労働者の扶養家族として、通常は「家族滞在」の在留資格を取得す ることになります。申請の際には、請求により市区町村役場で交付 される出生届受理証明書など出生を証する証明書を提出します。

2. 外国人労働者について入管法上必要となる 管理

Q 31

在留資格を得た外国人労働者について、入管法上どの ような管理が必要でしょうか。

[A] 外国人労働者は、在留期限を経過してオーバーステイにならな

いよう、忘れずに在留期間更新許可申請を行うことが必要です。在留期間更新許可申請は在留期間満了日の3か月前から可能です。

　在留期限を超えたことに気づかずに就労を続けていれば、外国人労働者はオーバーステイの上、不法就労活動に該当します。企業も不法就労活動をしている外国人を雇用していることとなれば、不法就労助長罪となる可能性があります。

（1）　出入国在留管理局または自治体へ届出をしなければならない事項

　在留カードを保有して在留する外国人は、自身を取り巻く状況の変化によって届出をしなければならない事項が定められています。
① 　氏名、国籍・地域、生年月日、性別に変更があった場合
② 　所属機関に変更があった場合
③ 　配偶者との離婚等の場合

　上記に該当する場合は、変更があった日から14日以内に、審査を行う最寄りの出入国在留管理局に届け出る必要があります。

（2）　住居に関する届出

　入管法では、住居に関する届出は新住居地に移転した日から14日以内に、新住居地の市区町村において、法務大臣に対する届出をする必要があります。この住居地の変更届については、中長期在留者が在留カードを提出し、住民基本台帳法（以下、「住基法」といいます）上の転入・転居届をしたときは、法務大臣への届出があったものとみなすとの規定があります。

　稀に、企業内転勤などの在留資格を有し、日本と海外の間で滞在期間の短い出張を繰り返している人が、ホテル住まいをしていることで住民登録ができず、住居地の欄が空欄になっていることがあり

ます。ホテルでは住基法の転入・転居届ができない場合でも、入管法上の住居に関する届出は可能なケースもあるので、定められた手続きを行うよう注意が必要です。

3. 在留期間満了日までに審査結果が出ない場合の不法就労の当否

Q 32

雇用した外国人の在留資格について、在留期間の更新手続をしていますが、結果が出る前に在留期間の満了日を経過してしまいそうです。不法就労になりますか。

A 在留期間の満了日までに結果が出ず、当該処分がされるとき、在留期間の満了日から2か月間は従来の在留資格で適法に在留および活動することができます。この期間を「特例期間」といいます。特例期間中に出国することも可能ですが、期間内に帰国し、新たな在留カードを受け取らなければなりません。

この「特例期間」は、在留資格変更許可申請の場合にも同様に与えられます。ただし、「特定活動（出国準備期間）」などの在留資格の外国人は注意が必要です。「特例期間」が与えられるためには、現在の在留資格の在留期間が30日を超えていなければなりません。「特定活動（出国準備期間）」は、在留期間更新許可申請などについて特例期間中に不許可となった外国人が出国準備のために与えられる在留資格で、通常は31日以上の在留期間が付与されます。その間に書類を準備して再申請をすれば、審査結果が出るまでの特例期間として、在留期間の満了日から2か月は適法に在留することができます。しかし、現在の在留資格において在留期間が30日未満の場合は要件を満たさず、特例期間はありません。

4. 再入国許可に関する手続き

Q 33

再入国許可に関する手続きとは何ですか。

A 日本に在留する外国人が一時的に出国し、再び入国する際は、空港等で詳細な入国・上陸手続を受けることが必要です。しかし、出国前に「再入国許可」申請を行い、許可を得ておくことで、再度日本に入国する際の入国・上陸手続を簡便なものにすることができます。再入国許可（みなし再入国許可を含みます）を受けずに出国した場合は、その外国人が有していた在留資格および在留期間は消滅します。

　「みなし再入国許可」と呼ばれる制度は、有効なパスポートと在留カードを有する外国人が出国後1年以内に再入国する場合に利用でき、再入国許可の取得手続を省略することができます。みなし再入国許可による出国を希望する場合は、事前に出入国在留管理局で「再入国許可」を申請する必要はなく、出国時に入国審査官に一時的な出国であり、再入国する予定である旨を「再入国出入国記録」により申し出ます（☞**Q39**）。ただし、「みなし再入国許可」の活用には注意が必要です。1年以内に戻ってこられない場合は、所持している在留資格および在留期間は消滅します。その場合には、在留資格認定証明書交付申請から改めて手続きを行わなければなりません。

5. 在留資格の変更や在留期間更新申請の 手続きを代理する可否

Q 34

外国人の在留資格の変更や在留期間の更新申請の手続き について、会社または行政書士が代理可能でしょうか。

A 会社の職員や行政書士がこれらの手続きについて「代理人」として申請することはできませんが、「取次者」として申請をすることは可能です。

「代理人」は本人に「代わって」申請・届出や在留カードの受領等をするものであり、「代理人」として行う者は、申請人・届出人として署名し、記載内容を直接訂正することなども可能です。

一方、「取次者」は申請書や資料の提出等の事実行為を行うことが認められているに過ぎないため、記載内容を直接訂正することはできません。

「代理人」や「取次者」は本人出頭の原則の例外です。在留期間更新申請等の一定の在留関係の申請については、本人が出頭して行わなければならないとする本人出頭の原則が基本となっています。入管法61条の9の3第1項3号において本人出頭義務が明記されている申請は、在留資格変更許可申請、在留期間更新許可申請、永住許可申請、在留資格取得許可申請です。また、入管法施行規則において、資格外活動許可申請、申請内容変更の申出、再入国許可申請等について本人が出頭して行うことを規定しています。

6. 会社の所在地変更による影響

Q 35

会社が所在地を変更しました。雇用する外国人に影響はありますか。

A 外国人労働者には一定の届出義務が課せられています。届出をしなかった場合には20万円以下の罰金、虚偽の届出は1年以下の懲役または20万円以下の罰金に処せられることがあります。

　これら一定の届出事項の中で、留意すべきものの1つが会社の所在地が変更された場合の届出です。外国人労働者本人に届出する必要があることが周知されていないように見受けられます。また住居地の届出をしなかったり、虚偽の届出をした場合、在留資格が取り消されることがあります。

　届出義務を履行しない場合の罰則等は、前述のものだけではありません。出入国在留管理庁が発出している「在留資格の変更、在留期間の更新許可のガイドライン」において「入管法に定める届出等の義務を履行していること」が考慮事項として定められていることから、届出義務を履行していないことにより、在留資格変更許可申請や在留期間更新許可申請の際に、本来3年の在留期間が、1年しか付与されないということが起こり得ます。これは安定した雇用の実現を阻害します。企業においても、外国人労働者が課せられている義務について認識し、外国人労働者に適時アナウンスをするなどの対応が必要です。

7. 職務内容を変更する場合の留意点

Q 36

外国人労働者の職務内容を変更しようと思います。
何か問題ありますか。

A 外国人労働者の職務内容を変更しようとする場合は注意が必要です。「技術・人文知識・国際業務」を例に説明します。

(1) 「技術・人文知識・国際業務」の活動範囲内で変更

「技術・人文知識・国際業務」の活動範囲内での職務内容変更は問題ありません。ただし、学歴と業務との関連性や、職歴要件で在留資格を取得した人は、新たな職務内容との関連性にも注意が必要です。

(2) 「技術・人文知識・国際業務」の活動範囲外に変更

「技術・人文知識・国際業務」の活動は、学術上の素養を背景とする一定水準以上の専門的能力を必要とする活動または日本国内の文化の中では育てられないような思考または感受性に基づく一定水準以上の専門的能力を必要とする活動に従事することが必要です。要件に該当しない職務内容に従事すると、資格外活動となる可能性があります（☞**Q52**）。当該外国人は不法就労活動になり、雇用している企業は不法就労助長罪に該当する場合があります。

V 外国人の退職および帰任

1. 外国人労働者が他社に転職する場合の手続き

Q 37

> 外国人労働者が他社に転職することとなりました。何か手続きが必要ですか。

A (1) 会社に求められる手続き、(2) 外国人労働者が行う届出は以下の通りです。双方のため、会社としては退職に際してこのことを周知するなどの措置をとるとよいでしょう。

(1) 会社に求められる手続き

労働施策総合推進法により、雇用保険被保険者資格喪失届に外国人に関する必要な事項を記載し、提出することが義務づけられています（☞**Q231**）。入管法上は、外国人労働者が他社に転職することにより採用していた会社に求められる手続きはありません。

「中長期在留者の受入れに関する届出」で、受入れを終了した旨の届出を出入国在留管理局に提出することができますが、これは前述の雇用保険喪失届と違い、努力義務とされています。

(2) 外国人労働者が行う届出

一方、外国人労働者には、在留資格によって①「所属（契約）機関に関する届出」または②「所属（活動）機関に関する届出」を、

事由が生じた日から14日以内に提出することが義務づけられています。各届出の対象となる在留資格は以下の通りです。

① 「所属（契約）機関に関する届出」の対象となる在留資格

「高度専門職1号イまたはロ」、「高度専門職2号（イまたはロ）」、「研究」、「技術・人文知識・国際業務」、「介護」、「興行（所属機関との契約に基づいて活動に従事する場合に限ります）」、「技能」または「特定技能」の在留資格の人が対象となります。

② 「所属（活動）機関に関する届出」の対象となる在留資格

「教授」、「高度専門職1号ハ」、「高度専門職2号ハ」、「経営・管理」、「法律・会計業務」、「医療」、「教育」、「企業内転勤」、「技能実習」、「留学」または「研修」の在留資格の人が対象となります。

2. 在留資格認定証明書の取得後、査証（VISA）申請中に採用を取り消す場合の対応

Q 38

在留資格認定証明書を取得し、外国人が海外の日本大使館／領事館で査証（VISA）申請中に採用を取り消すこととなりました。どうすればよいでしょうか。

A 例えば、企業が自らを所属機関として「技術・人文知識・国際業務」の在留資格認定証明書の交付申請をしたものの、その後労働契約関係を解消したとします。しかし、在留資格認定証明書の効力が失われず、外国人が在外日本大使館／領事館で査証（VISA）申請をし、許可されれば、目的もなく上陸することが可能になってしまいます。このような事態は在留管理上も当然看過されることではなく、できれば未然に防ぎたいところです。

このような場合の対応として、発行された在留資格認定証明書を

申請した出入国在留管理局に返納するよう、外国人に求めるという方法があります。

---

3. 任期を終えて帰国する場合の流れ

Q 39

外国人労働者が任期を終えて、帰国する場合の流れについて教えてください。

A 例えば、「企業内転勤」で在留していた外国人がその任期を終えて本国に出国する場合、帰国の際に空港で提出する「再入国出入国記録」の「再入国許可の有効期限内に再入国の予定はありません」という項目にチェックを入れ署名し再入国の意思がないことを表明します（**資料1-10**）。それを確認した空港の入管職員が、在留カードのICカード部分に穴をあけて失効させた上、穴あきの在留カードを外国人に返します。このような出国を単純出国といいます。行政側の運用では、外国人が単純出国した後、出入国在留管理庁から外国人が住民登録していた自治体へ単純出国した旨のデータが共有され、当該自治体が住民票を職権消除することにより、当該外国人の住民票が除かれます。

◆資料1－10　外国人入国記録・再入国出入国記録

出典：法務省入国管理局

4. 「家族滞在」の配偶者と子どもが、子ども の卒業まで在留し続ける可否

Q 40

> 外国人労働者である夫が先に帰国する場合、「家族滞在」 で在留中の妻と子どもは、子どもの小学校卒業まで在留 し続けることができますか。

A 妻と子どもの在留資格を変更することで、引き続き在留できる 場合があります。

　通常、妻と子どもは「家族滞在」で在留していることがほとんど で、その活動は「（一定の）在留資格をもって在留する者の扶養を 受ける配偶者又は子として行う日常的な活動」とされています。夫 の帰国により「（一定の）在留資格をもって在留する者の扶養を受 ける」という部分が満たされなくなると、実際の活動内容と齟齬が 生じてしまいます。

　そこで子どもを「留学」の在留資格へ変更し、母親を子の看護の ための「特定活動」の在留資格に変更するという方法が考えられま す。これによりそれぞれ活動内容に齟齬がなくなり、適法に在留す ることが可能となります。

5. 退職後に転職活動をする場合の留意点

Q 41

外国人労働者が弊社を退職後、しばらく転職活動をする
ようです。何か留意すべき点はありますか。

A 例えば「技術・人文知識・国際業務」の在留資格で在留してい
た契約社員の外国人が、契約期間満了に伴って会社を退職したもの
の、在留期限がまだ先にあるため、このまま日本に在留し、転職活
動をしたいということがあります。この場合にはいくつか注意が必
要です。

(1) 資格外活動で報酬を得ることは禁止

資格外の活動を行って報酬を受けることはできないので注意しま
しょう。例えばコンビニでアルバイトをして報酬を受けるといった
場合はこれに該当し、資格外活動違反となってしまいます。

(2) 在留資格にかかる活動がないことによる資格取消し

次に注意すべきことは、一定期間付与された活動を行っていない
と、在留資格の取消対象となり得るということです。

① 「技術・人文知識・国際業務」の場合

「技術・人文知識・国際業務」の在留資格にかかる活動を継続し
て3か月以上行っていないときは、法務大臣は在留資格を取り消す
ことができるとしています（ただし、当該活動を行わないで在留し
ていることにつき、正当な理由がある場合は除かれます）。

また「技術・人文知識・国際業務」にかかる活動を行っておら
ず、かつ他の活動を行い、または行おうとして在留する場合も取消

しの対象となります（ただし、正当な理由がある場合を除きます）。

　このことから、出入国在留管理庁は外国人が付与された在留資格に関する活動を行わず在留している状態を良しとしていないことが伺えます。

② 「日本人の配偶者等」「永住者の配偶者等」の場合

　「日本人の配偶者等」（日本人の子および特別養子を除きます）または「永住者の配偶者等」（永住者等の子を除きます）が、その配偶者としての活動を継続して6か月以上行っていない場合、法務大臣は在留資格を取り消すことができます（ただし、当該活動を行わないで在留していることにつき、正当な理由がある場合を除きます）。

6. 解雇された外国人が期限まで転職活動をしながら在留する場合の特例措置

Q 42

> 会社都合で解雇することになった外国人労働者が、転職活動をしながら引き続き在留したい場合に利用できる仕組みはありますか。

A 日本での再就職を希望しており、在留期限がまだ残っている場合、就職活動をしながら期限まで在留することが認められています。

(1) 資格外活動の許可

　就職活動期間中の生活費を補う目的のアルバイト活動は、ハローワークが交付するハローワークカード等により就職活動中であることが確認でき、資格外活動の要件にも適合すると認められるとき

は、包括的な資格外活動の許可を受けて週に28時間以内で行うことができます。

　これらは非常に特別な措置と考えます。**Q41**にあるように、「技術・人文知識・国際業務」の在留資格を有する外国人が正当な理由もなく、在留資格にかかる活動を継続して3か月以上行っていない場合は在留資格の取消しの対象となります。「技術・人文知識・国際業務」の在留資格を有している外国人が、包括的な資格外活動許可を受けることは原則ありません。

(2)　6か月の「特定活動」への切り替え

　当該外国人が、在留期間の満了日が到来したにもかかわらず、引き続き新たな所属機関との契約を締結できていない場合、在留期限到来前から就職活動を行っていることが確認され、在留状況に問題がない等許可することが相当であるときは、「特定活動」（在留期間は6か月）への在留資格の変更が許可されます。ただし、「特定技能」の在留資格を有する外国人に対して変更を許可する場合の在留期間は4か月です。

(3)　配偶者・子どもの「特定活動」への切り替え

　当該外国人に「家族滞在」をもって在留する配偶者または子どもがいる場合は、「家族滞在」から「特定活動」へ在留資格を変更することが可能です。

　なお、これらは出入国在留管理庁が雇用状況の悪化に伴う外国人の在留に関する取扱いとして定めており、雇用先企業から解雇または雇止めの通知を受けた者の他に、雇用先企業から待機を命ぜられた者についても、ほぼ同様の取扱いを定めています。

Ⅵ アルバイト／パートタイム

1. 「家族滞在」の外国人を雇用する場合の注意点

Q 43

家族滞在で在留している外国人を雇用するためには、どのようなことに注意が必要でしょうか。

[A] 週28時間以内の就労時間であれば、在留資格は「家族滞在」のまま、別途資格外活動の許可を受けることで就労が可能になります。資格外活動を行う場合は注意すべき点があります。

(1) 収入・報酬

「家族滞在」の活動内容は扶養を受ける活動なので、扶養者の収入・報酬を超えるような収入・報酬を得る場合、扶養を受ける者とはいえなくなり、活動内容を定める在留資格該当性に疑義が生じます。

(2) 風俗営業にかかる業務への就労禁止

客の接待をして飲食させるキャバレー・スナック等、店内の照明が10ルクス以下の喫茶店・バー等、麻雀屋・パチンコ屋・スロットマシン設置店等風俗営業にかかる業務その他一定の業務に関しては従事してはなりません。

(3) 「家族滞在」での就労ができない場合

　週28時間を超える雇用であれば、在留資格変更許可申請をして、「家族滞在」から他の就労可能な在留資格に変更することが必要になります。

　この場合、注意が必要なのは就労開始日です。新しい職場においてフルタイム正社員で雇用する場合、「技術・人文知識・国際業務」等の在留カードを取得した日から就労可能になります。

　「家族滞在」から「技術・人文知識・国際業務」へ在留資格変更許可申請をしている間に雇用契約の就労開始日が到来したからといって「家族滞在」の在留資格のまま就労活動を開始させてしまうと、資格外活動違反となる可能性があるので注意しましょう。

2. アルバイトの外国人留学生を卒業後も 「留学」で継続雇用する可否

Q 44

アルバイトで雇用している外国人留学生を正社員として採用します。新しい在留カードを受け取るまで、学校卒業後も「留学」の在留資格で雇用してもよいですか。

A　資格外活動許可を得ている「留学」で在留中の外国人留学生をアルバイトとして雇用しており、卒業後は新卒社員として採用する予定とします。「技術・人文知識・国際業務」へ在留資格変更申請をしましたが、雇用開始日の4月1日までに許可が下りなかった場合、新しい在留カードを受け取るまでアルバイトを継続させることができるかという質問があります。

　当該外国人の大学の卒業日（大学から籍がなくなる日）が仮に3

月31日だとすれば、これ以降は「留学」の在留期限が残っていてもアルバイトをすることができません。アルバイトができる資格外活動許可はあくまでも「留学生」という身分に附随して許可されるものであるためです。

3. 外国人留学生が個人事業主として活動する可否

Q 45

外国人留学生がネットショップを経営しています。問題はありませんか。

A 外国人留学生が資格外活動の許可を得てアルバイトに従事することは可能ですが、個人事業主としてネットショップを運営する場合は、資格外活動（個別許可）も検討の対象になります。

そもそも資格外活動には、大きく分けて **(1)** 包括許可と **(2)** 個別許可の2種類あります。以下は出入国在留管理庁の包括許可と個別許可についての案内を一部抜粋し、編集したものです。

(1) 包括許可

対象となる人は以下の通りです。
① 「留学」の在留資格の人
② 「家族滞在」の在留資格の人
③ 外国人の扶養を受ける配偶者または子、またはそれらに準ずる者として行う日常的な活動を指定されて在留する人で、「特定活動」の在留資格の人
④ 継続就職活動または内定後就職までの在留を目的とする「特定活動」の在留資格の人

⑤ 「教育」、「技術・人文知識・国際業務」または「技能（スポーツインストラクターに限ります）」のうち、地方公共団体等との雇用契約により活動する人

　週28時間以内の収入を伴う事業の運営または報酬を受ける活動について、申請人が申請にかかる活動に従事することにより、現に有する在留資格にかかる活動の遂行が妨げられるものでないことなど一定の事由に該当する場合、包括的に資格外活動が許可されるとしています。これを包括許可といいます。

(2)　個別許可

　他方、包括許可に当てはまらない資格外活動許可や就労資格を有する人が、他の在留資格に該当する活動を行うときは、個々に許可されます。許可の対象となる例は以下の通りです。
① 　留学生が就業体験を目的とするインターンシップに従事するとして週28時間を超える資格外活動に従事する場合
② 　大学で稼働する「教授」の在留資格の人が民間企業で語学講師として稼働する場合（「技術・人文知識・国際業務」の在留資格に該当する活動を行う場合）
③ 　個人事業主として活動する場合や客観的に稼働時間を確認することが困難である活動に従事する場合

　先のネットショップを経営している外国人留学生は、③の個人事業主に該当し、個別の資格外活動許可を検討する必要があります。このような場合は、事前に出入国在留管理局へ相談したほうがよいでしょう。現在のところ、上記③に該当するような個別許可に関する事例はあまりなく、なるべく週28時間以内の管理を促されるようなケースが多いように見受けられます。

4.　日本のワーキング・ホリデー

Q 46

日本にはワーキング・ホリデーの制度はありますか。
またワーキング・ホリデーの制度を利用した外国人は
就労をすることができますか。

A　ワーキング・ホリデーの在留資格は「特定活動（告示5号）」
です。その活動は以下のように定められています。
①　日本文化および日本国における一般的な生活様式を理解するた
め本邦において一定期間の休暇を過ごす活動
②　①の活動を行うために必要な旅行資金を補うため必要な範囲内
の報酬を受ける活動

　令和4年10月11日時点で日本政府は26の国・地域との間でワー
キング・ホリデーの制度を運用しています。ワーキング・ホリデー
の制度を利用して日本に在留する外国人は、「特定活動」という在
留資格を取得することができ、就労することもできます。ただし、
上記にあるように、必要な旅行資金を補うため必要な範囲内の報酬
を受ける活動であることが要件なので、就労が主となるような活動
にならないように注意が必要です。風俗営業など一定の業務には従
事することが認められていません。

5. 教育機関の長期休業期間における「留学」の特則

Q 47

「留学」の在留資格を有する外国人大学生が、夏季休暇のため1日8時間、週40時間働きたいと希望を出してきました。就労させることに問題はありますか。

A 「留学」や「家族滞在」の在留資格を有する外国人は、資格外活動許可を受けることで、アルバイト的な活動が可能になります。働ける時間は1週について28時間以内です。

　ただし「留学」の在留資格を有する人の場合、「教育機関の長期休業期間」にあたっては1日について8時間以内まで働くことができるという特則があります。つまり週40時間以内の就労が可能となります。「教育機関の長期休業期間」とは、いわゆる夏季休業、冬季休業、春季休業として当該教育機関の学則等により定められているものとされています。

　一方、「家族滞在」の在留資格を有する人にはこういった特則がありません。そのため「家族滞在」で在留する外国人大学生については、夏季休暇期間であっても、働けるのは1週について28時間以内となります。

Ⅶ インターンシップ

1. インターンシップに関する在留資格

Q 48

> インターンシップを検討しています。取得する在留資格は何でしょうか。

A インターンシップは、対価が支払われない無償インターンと支払われる有償インターンに大別され、必要な在留資格が異なります。

(1) 海外にいる外国人をインターンとして迎える場合

① 無償インターン

その期間が90日以内であれば「短期滞在」、90日以上であれば「文化活動」に該当します。

② 有償インターン

「特定活動（告示9号）」に該当します。

(2) 日本に在留する外国人をインターンとして迎える場合

① 無償インターン

無償であれば、「留学」の在留資格で本来の活動を阻害しない範囲でインターンシップに参加できます。

② 有償インターン

週28時間以内であれば、「留学」の資格外活動許可の包括許可の

範囲内と考えられます。「教育機関の長期休業期間」以外で週28時間を超える場合は資格外活動許可の個別許可に該当することとなり、すでに包括許可を取得している外国人でも別途個別許可が必要です。

③　無償・有償による差異なし

　「永住者」、「日本人の配偶者等」、「永住者の配偶者等」、「定住者」など就労制限のない在留資格者であれば、有償でも無償でも問題ありません。

2.　外国人留学生がフルタイムのインターンシップを行う可否

Q 49

外国人留学生をフルタイムのインターンシップで就労させることはできませんか。

A　資格外活動許可のうち「個別許可」（☞**Q45**）を得た場合は、フルタイムインターンシップで就労できる可能性があります。

　「個別許可」を得ることができるのは、原則として、卒業に要する単位のうち9割以上の単位を取得し、申請を行う年度の年度末において修業年限を終える外国人留学生です。すなわちインターンシップを行う年度末で修業年度を終える大学4年生または修士2年生などが対象になります。包括許可を受ける際の必要書類は申請書だけですが、個別許可の場合は、インターンシップ先が作成した資格外活動について証明する文書またはインターンシップ先との契約書（活動内容、活動期間および活動時間、活動場所ならびに報酬等の待遇を証する書類）、在学証明書、大学生は成績証明書（卒業に必要な単位数およびその修得状況が確認できる文書）等が求められます。

Ⅷ　不法就労

1. 在留期間の満了日を経過した外国人を就労させた場合の罰則

Q 50

在留期間の満了日を経過した外国人を就労させてしまいました。どのような罰則がありますか。

A　在留期間の満了日を経過しても在留していることを不法残留といい、その状態の外国人が働くことを不法就労といいます。不法残留をした外国人本人は3年以下の懲役または300万円以下の罰金などの罰則に加えて、退去強制の対象となります。また不法就労させた事業主も、不法就労助長罪として3年以下の懲役または300万円以下の罰金などの対象となります。仮に不法残留者と知らずに雇用したとしても、過失がないことを立証しない限り、事業主は処罰の対象となるので、出入国在留管理庁がホームページで配布している在留カード等読取アプリケーション（☞**Q3**）で在留カードの真否等を確認するとともに、外国人本人と面談して写真と違いがないかなど確認を徹底することが重要です。

　他の不法就労に該当するケースには、次の3つがあげられます。
① 　不法滞在者や被退去強制者が働くケース
② 　就労できる在留資格を有していない外国人で出入国在留管理庁から働く許可を受けていないのに働くケース
③ 　出入国在留管理庁から認められた範囲を超えて働くケース

2. 複数のアルバイトを行う外国人留学生への留意点

Q 51

外国人留学生をアルバイト雇用しています。掛け持ちでアルバイトをしているようですが、週28時間の範囲内であれば就労させても問題ないでしょうか。

A 外国人留学生がアルバイトをするために取得する資格外活動許可は週28時間の範囲内と定められています（一部例外があります（☞**Q47**））。これは就労時間の合算で考えるため、他のアルバイト先での時間も把握し、シフトを組むようにしなければなりません。週28時間を超える就労は違反となってしまいます。また雇用している会社は不法就労助長罪に問われる可能性があります。

3. 在留資格の範囲を逸脱する不法就労活動

Q 52

主にマーケティング業務を行うとして「技術・人文知識・国際業務」の在留資格で雇用したものの、業務内容を変更して工場のライン作業に主に従事することとなった場合、問題はありますか。

A 「技術・人文知識・国際業務」の在留資格は、入管法別表で定められた範囲に限って活動できる在留資格です。工場のライン作業はこの範囲を逸脱しているので、資格外活動に該当する行為となり、外国人本人も事業主側も処罰の対象となります。

第2章

外国人雇用の法務
～ホワイトカラー系の在留資格～

I 総 論

1. 一定水準以上の業務に従事するための在留資格

Q 53

この章にあげられている在留資格の外国人はどのような人材ですか。従事できる業務を教えてください。

A 一定水準以上の業務に従事することを目的とする外国人材ということができます。各在留資格を従事する業務のイメージで分類すると、以下の通りです。

(1) 「技術・人文知識・国際業務」、「企業内転勤」

「技術・人文知識・国際業務」は営業職、マーケティング・広報などの企画事務、翻訳・通訳、海外取引業務、経理、プログラマー、システムエンジニア、経営戦略、施工管理等管理業務などです（☞**Q58**）。「企業内転勤」も同様のものをイメージできます（☞**Q64**）。

(2) 「経営・管理」

「経営・管理」は、取締役または代表取締役としての経営者や工場長、一定規模以上の部長等管理職です（☞**Q72**）。

(3) 「技能」

　「技能」の代表例は、インド料理の調理師や中国料理の調理師などに従事するような人です（☞ Q89 ・ Q90 ）。

(4) 「高度専門職」

　「高度専門職」は複数の在留資格の活動を包含しています（☞ Q80 ）。例えば「高度専門職1号ロ」は「技術・人文知識・国際業務」、「企業内転勤」、「教授」、「芸術」等の活動がこれに当たります。「高度専門職1号ロ」の実務では、ほとんどが「技術・人文知識・国際業務」の活動に該当する活動であるような印象を受けます。同じく「高度専門職1号ハ」も複数の在留資格の活動を包含していますが、実務では主に「経営・管理」に該当する活動が多く見受けられます。

---

2. 実務研修を在留資格の活動範囲に含む可否

Q 54

　「技術・人文知識・国際業務」を持つ人を管理職として採用しました。採用後実務研修の一環として工場のライン作業にしばらく就く予定です。問題点と注意点を教えてください。

Ⓐ　「技術・人文知識・国際業務」は学術上の素養を背景とする一定水準以上の業務に従事することが目的の在留資格なので、工場のライン作業などの現場労働は行えないはずです。

　出入国在留管理庁が発出している「『技術・人文知識・国際業務』

の在留資格で許容される実務研修について」における外国人が採用当初に行う実務研修にかかる在留審査上の取扱いをまとめると、(1) 作業内容、(2) 在留期間における実務研修期間の長さが注意点となります。

(1)　作業内容について

　外国人が「技術・人文知識・国際業務」の在留資格で在留するためには、当該在留資格の活動、すなわち、学術上の素養を背景とする一定水準以上の業務等に従事することが必要です。

　他方で、企業において採用当初等に設けられた一定の実務研修期間での活動では例外があります。当該実務研修期間に行う活動に限れば、「技術・人文知識・国際業務」の在留資格に該当しない活動（例えば、飲食店での接客や小売店の店頭における販売業務、工場のライン業務等）であっても、それが日本人の大卒社員等に対しても同様に行われる実務研修の一環であって、在留期間中の活動を全体として捉えて在留期間の大半を占めるようなものでないときは、その相当性を判断した上で、当該活動を「技術・人文知識・国際業務」の在留資格内で認められています。

(2)　在留期間における実務研修期間の長さ

　研修期間を含めた在留資格該当性の判断は、「在留期間中の活動を全体として捉えて判断する」とされています。ここでいう「在留期間」とは、1回の許可ごとに決定される「在留期間」を意味するのではありません。雇用契約書や研修計画にかかる企業側の説明資料等の記載から、申請人が今後本邦で活動することが想定される「技術・人文知識・国際業務」の在留資格をもって在留する期間全体を意味します。

　そのため、例えば、今後相当期間本邦において「技術・人文知

識・国際業務」に該当する活動に従事することが予定されている人（雇用期間の定めなく常勤の職員として雇用された人など）であれば、在留期間「1年」と決定された場合、決定された1年間すべて実務研修に従事することも想定されます。

　他方で、雇用契約期間が3年のみで、契約更新も予定されていないような場合、採用から2年間実務研修を行う、といったような申請は認められないこととなります。

　つまり、実務研修が外国人のみに課せられるものでなく、日本人の社員に対しても同様に課せられるものである場合は、在留期間全体からみて、大半を占めるようなものでなければ認められるということになります。

3.「技術・人文知識・国際業務」の活動で 手作業を行う可否

Q 55

「技術・人文知識・国際業務」はデスクワークが原則ということですが、手作業は一切行えませんか。

A　例として、ホテルや旅館で雇用されている外国人労働者が、宿泊客の荷物を運ぶ業務にあたる場合とします。在留資格・状況に照らして問題がないか解説します。

　学術上の素養を背景とする一定水準以上の専門的能力を必要とする活動等が前提とされている「技術・人文知識・国際業務」は、出入国在留管理庁が発出した「ホテル・旅館等において外国人が就労する場合の在留資格の明確化について」のなかで、「（前略）なお、日本で従事しようとする活動が、入管法に規定される在留資格に該

当するものであるか否かは、在留期間中の活動を全体として捉えて判断することとなります。したがって、下記の活動に該当しない業務に従事することは認められませんが、それが企業における研修の一環であって、当該業務に従事するのは採用当初の時期に留まるといった場合には許容されます」としています。当該業務が研修の一環であり、在留期間中の活動を全体として捉えたときに採用当初の時期にとどまる程度のものであれば許容されることになります。

また「（前略）業務に従事する中で、一時的に『技術・人文知識・国際業務』に該当しない業務を行わざるを得ない場面も想定されます（例えば、フロント業務に従事している最中に団体客のチェックインがあり、急遽、宿泊客の荷物を部屋まで運搬することになった場合など）。こうした場合に当該業務を行ったとしても、入管法上、直ちに問題とされるものではありませんが、結果的にこうした業務が在留における主たる活動になっていることが判明したような場合には、『技術・人文知識・国際業務』に該当する活動を行っていないとして、在留期間更新を不許可とする等の措置がとられる可能性があります。」としており、主たる業務とは別に一時的に該当しない業務を行わざるを得ない場合は問題視しないということになっています。

在留資格に活動制限がない「永住者」、「日本人の配偶者等」、「永住者の配偶者等」、「定住者」であれば、もちろん問題ありません。

4. 商品のアフターサービスのために日本に滞在する場合の在留資格

Q 56

日本企業に販売した商品のアフターサービスのため日本に滞在する予定です。「短期滞在」でよいですか。

A 例えば、グローバル展開している企業において、機械を製造・販売している海外子会社Xから仕入れ、Xで販売した機械のアフターケアを主に営んでいる海外子会社Yからアフターサービスのために社員を日本企業に短期滞在で招へいする場合、「短期滞在」に該当しない可能性があります。アフターサービスは商用の短期滞在で典型例としてあげられることが多いので、このワードのみで判断してしまう人も多いですが、その実態が重要です。アフターサービス等短期滞在が商用で認められる業務は「本邦外の主たる業務に関する従たる業務」とされています。仮に海外子会社Yがアフターサービスを主たる事業として行っている場合、この規定から外れてしまい、この点だけからみると「短期滞在」に該当しない可能性があります。一方、Xが販売した機械についてXが従たる業務としてアフターサービスのために従業員を来日させる場合には、他の規定に違反しない限り、短期滞在に該当する可能性があるといえます。

5. 就労中の在留資格で副業を行う可否

Q 57

在留資格を有する外国人は副業できますか。

[A]　例えば「技術・人文知識・国際業務」で平日会社勤めしている外国人が、土日は会社を設立し、経営をしたいというケースです。会社を経営するという活動は「技術・人文知識・国際業務」の範囲外なので、何の許可も得ずこれを行って収入を得た場合、資格外活動となってしまいます。そのため資格外活動の個別許可を申請することとなります。この申請に対し、出入国在留管理庁は「活動の遂行を阻害しない範囲内で当該活動に属しない収入を伴う事業を運営する活動又は報酬を受ける活動を行うことを希望する旨の申請があった場合において、相当と認めるときは、これを許可することができる。」としており、「技術・人文知識・国際業務」の活動の遂行を阻害しない範囲内で相当であり、行う活動が別表で定める活動であると認められたなどの場合には許可されることとなります。

　他方、「技術・人文知識・国際業務」の活動の範囲内で他の法人と契約して副業を行う場合は、資格外活動の個別許可を申請する必要はありません。ただし、新たな機関との契約の締結となるので「所属機関等に関する届出」が必要になります。

Ⅱ 技術・人文知識・国際業務

1. 在留資格「技術・人文知識・国際業務」の概要

Q 58

> 「技術・人文知識・国際業務」とは、どのような在留資格ですか。

A この章で紹介するホワイトカラー系の在留資格の中で、在留者数が最も多い在留資格です。法人営業、会計、経営戦略、マーケティング、市場調査、コンサルタント、プログラマー、エンジニアなどホワイトカラーの幅広い業務に従事することが可能なので、多くの一般企業では外国人を採用する際の最初の選択肢になります。

外国人が個人として備えているべきものが要件としてあり、例えば日本で従事する業務に関連した科目を専攻して大学を卒業した者もしくはこれと同等以上の教育を受けた者、またはその業務に関する実務経験が10年以上ある者などが該当します（☞**Q20**）。海外取引業務などの国際業務については3年以上の実務経験がある者とされていますが、翻訳・通訳業務その他語学の指導に従事する場合で大学を卒業していれば、業務経験は不要とされています。

また、雇用先である日本の会社との労働に関する契約が必要であり、報酬は日本人と同等以上と定められています（☞**Q18**）。

2. 外国人の学歴・職歴と日本で行う業務との関連性

Q 59

学歴・職歴と日本で行う業務との関連性が必要と聞きましたが、どのくらい厳しいものですか。

A 出入国在留管理庁が公表している「『技術・人文知識・国際業務』の在留資格の明確化等について」によれば「従事しようとしている業務に必要な技術又は知識に関連する科目を専攻して卒業していること」とあり、さらに「従事しようとする業務に必要な技術又は知識に係る科目を専攻していることが必要であり、そのためには、大学・専修学校において専攻した科目と従事しようとする業務が関連していることが必要です」と明記されています。

これによれば、コンピュータ工学を専攻した人はプログラマーというように、従事する業務内容がある程度硬直化してしまう可能性があります。この点出入国在留管理庁は注意書きで大学卒業者に対しては「（前略）教育機関としての大学の性格を踏まえ、大学における専攻科目と従事しようとする業務の関連性については、従来よりも柔軟に判断しています（海外の大学においてもこれに準じた判断をしています）。」とあり、大学卒業者（海外の大学も含みます）においては柔軟に判断するとしています。

また専門学校卒業者に関しては、大学卒業者よりもこれらの関連性については厳格に判断するものとされていますが、「（前略）関連性が認められた業務に3年程度従事した者については、その後に従事しようとする業務との関連性については柔軟に判断します。」としており、専門学校卒業者でも関連性が認められた業務に3年程度従事した後は関連性について柔軟に判断されるとしています。

3. 外国人に支払われる報酬に手当も含める可否

Q 60

報酬は日本人と同等でよいとのことですが、手当も入れてよいですか。

A 審査要領によると「報酬とは、『一定の役務の給付の対価として与えられる反対給付』をいい、通勤手当、扶養手当、住宅手当等の実費弁償の性格を有するもの（課税対象となるものは除く。）は含まない」とされています。このことから手当のすべてを報酬に含めることは適切ではなく、課税対象となるもののみ含めることができると解せます。

「日本人と同等」の判断については「報酬額を基準として一律に判断することは適切ではない。個々の企業の賃金体系を基礎に日本人と同等以上であるか、また、他の企業の同種の職種の賃金を参考にして日本人と同等以上であるか、また他の企業の同種の賃金を参考にして日本人と同等以上であるかについて判断する。なお、この場合、外国人が大卒であればその企業の日本人大卒者の賃金を、専門職、研究職であればその企業の日本人専門職、研究職の賃金を参考にする」とあります。

実務では、申請した案件に対して、管轄の出入国在留管理局が書類の追加資料の提出や質問を求めるときに発する「追加資料提出通知書」において、従業員の「賃金台帳」の提出を求められることがあります。これは、日本人と同等の報酬について審査する際の参考と推測することができます。

4.「技術・人文知識・国際業務」と「企業内転勤」の両方を選択できる場合の留意点

Q 61

「技術・人文知識・国際業務」と「企業内転勤」の両方を選択できる従業員がいますが、どちらがよいですか。

A 「技術・人文知識・国際業務」と「企業内転勤」を検討する際、(1) 契約主体となるのは日本の会社か海外の会社か、(2) 日本の会社と海外の会社に資本関係は存在するか、(3) 日本での就労場所はどこか、が主な判断材料としてあげられます。

(1) 契約主体となるのは日本の会社か海外の会社か

「技術・人文知識・国際業務」では、入管法別表に「本邦の公私の機関との契約に基づいて行う（後略）」とあり、日本の会社との契約を原則としています。

(2) 日本の会社と海外の会社に資本関係は存在するか

派遣元と派遣先が直近の上下関係にある場合、「企業内転勤」を申請するためには20％以上の「資本関係」があることを要します。しかし、20％未満の場合でも要件を満たす可能性はあるので、細部まで注意が必要です（☞**Q65**）。

(3) 日本での就労場所はどこか

「技術・人文知識・国際業務」においては、在籍出向のように実際の就労場所が他社であっても、他の法律で許されるのであれば特に規定はありません。一方「企業内転勤」においては入管法別表に「（前略）転勤して当該事業所において行う（中略）活動」としてお

り、受入機関に就労場所が限定されています。この点について、審査要領は「外国にある事業所の関与のもとで、帰国することなく本邦にある同一企業内の別事業所に新たに転勤させることまで否定するものではない。」としており、一定の条件のもと、同一企業内の別の事業所への転勤を認めています。

5. 「技術・人文知識・国際業務」と「高度専門職1号ロ」の両方を選択できる場合の留意点

Q 62

「技術・人文知識・国際業務」と「高度専門職1号ロ」の両方で申請できますが、どちらで申請したほうがよいですか。

A 審査期間の違いを踏まえて選ぶ方法があります。

　もし雇用開始日が迫っているのであれば、審査期間の短い「高度専門職1号ロ」を検討することとなります。ただし、「高度専門職1号ロ」にはポイント計算表で加点の根拠としている書類を提出しなければなりません。例えば職歴で加点をされる場合には前職からの在職証明書を発行してもらわなければならないのですが、これに時間がかかるような場合、「高度専門職1号ロ」で申請することは賢明ではなく「技術・人文知識・国際業務」が再び選択肢としてあがります。「高度専門職1号ロ」はおおむね2週間を審査期間としていますが、「技術・人文知識・国際業務」もカテゴリー1やカテゴリー2の場合、時期などによってはこれに近い審査期間で処理されることもあります。これらのことを踏まえ総合的に判断することが求められます。

6. 取締役に「技術・人文知識・国際業務」を適用する可否

取締役のポジションだと「技術・人文知識・国際業務」の資格では就労できませんか。

A 「技術・人文知識・国際業務」の活動範囲に純然たる経営業務を主とする活動は含まれないので、原則に従えば「技術・人文知識・国際業務」の在留資格で取締役に就任して業務を行うことは認められません。

ただし取締役といっても会社の規模や設立したばかりの創業期などという理由で、経営業務というよりは、実際に行う業務が営業や人事業務など「技術・人文知識・国際業務」に該当することが明らかな場合、かつそれが立証可能な場合は、取締役の地位につきながら「技術・人文知識・国際業務」の在留資格を取得できる可能性はあります。

Ⅲ　企業内転勤

1.　在留資格「企業内転勤」の概要

Q 64

「企業内転勤」とはどのような在留資格ですか。

A　文字通り、海外から日本の本支店、一定の資本関係等を有する海外の会社から日本の会社へ転勤する場合の在留資格です。

　同一会社内の異動もしくは系列企業内（「親会社」、「子会社」および「関連会社」を指します）の出向等により海外の会社から日本の会社へ期間を定めて異動し、「技術・人文知識・国際業務」に該当する活動を行うことができます。海外の会社において直前に1年以上継続して勤務していることや、日本人が従事する場合に受ける報酬と同等以上の報酬を受けることなどの要件があります。

　「技術・人文知識・国際業務」と違い、外国人労働者が大学を卒業していたり、日本で従事する業務に関連した実務経験を有している必要はなく、海外の派遣元の会社で「技術・人文知識・国際業務」に該当する業務を行っており、日本の派遣先の会社でも「技術・人文知識・国際業務」に該当する業務を行う定めとなっています。なお、ここでいう「派遣元」、「派遣先」とは日本のいわゆる労働者派遣法での派遣という意味ではなく「出向元」、「出向先」を指します。出入国在留管理局に提出する申請書では「派遣元」、「派遣先」という言葉が使用されています。

2. 海外法人と日本法人との間の一定の関係の内容

Q 65

海外法人と日本法人との間に一定の関係がなければならないとは、具体的にどういうことですか。

A 「親会社」、「子会社」および「関連会社」の定義は、財務諸表等の用語、様式及び作成方法に関する規則（昭和38年大蔵省令59号）（以下、「財務諸表等規則」といいます）に記載されていますが、簡潔にいうと親子会社は50％超、関連会社は20％以上の資本関係がある場合であり、それに満たない場合は個別に意思決定に与える影響度を勘案して判断されます。親子間のみではなく孫会社、ひ孫会社も場合によっては対象となることがあるので、判断に困ることがあれば管轄の出入国在留管理局または行政書士等専門家へ確認することをお勧めします。

3. 海外法人から報酬が支払われ続ける是非

Q 66

海外法人から引き続き報酬が支払われていても大丈夫ですか。

A 「企業内転勤」は在籍出向なので、出向元の海外の会社と出向先の日本の会社両方に雇用関係にある状態です。したがって出向元の海外子会社から報酬が支払われていても特段問題ありません。

4. 日本法人との雇用契約の必要性

Q 67

日本の会社との雇用契約は必要ですか。

A 日本の会社との労働に関する契約は、原則として必要となります。ただし審査要領によれば「当該外国人は転勤する前に外国企業に採用された時点で当該企業との間で雇用契約等を既に結んでおり、当該雇用契約をもって『本邦の公私の機関との契約』があることから、同一の法人の外国の事業所から本邦の事業所への転勤の場合には新たな契約が不要となる。」とされており、外国企業との契約があれば日本の会社との契約は不要とされています。

5. 事業所の写真が求められる理由

Q 68

「企業内転勤」の申請をしたところ、事業所の写真を求められました。どうしてですか。

A 審査要領に「本邦にある事業所は、施設が確保され当該施設において事業活動が行われるものでなければならない。」とあることから、施設が確保されているのか確認するために求められたものと考えられます。事業が適正かつ安定的に行われるといえるためには、いわゆるバーチャルオフィスでの事業運営は認められません。また地方公共団体等（地方公共団体、独立行政法人および第三セクター（地方公共団体の出資の比率が2分の1以上の商法・民法法人

に限ります）をいいます）が提供した施設を事業所として使用し、外国企業の支店等開設準備を行おうとする場合は施設が確保されているものとされます。

6. 本国で採用して間もない外国人の「企業内転勤」

Q 69

3か月前に海外の会社で採用した外国人の日本の会社への転勤を考えていますが、問題ありますか。

A 企業内転勤の要件として、「海外の会社において直前に1年以上継続して勤務していたこと」がありますが、これを満たさない場合で、「技術・人文知識・国際業務」の要件を満たす場合、「技術・人文知識・国際業務」で入国することが可能です。この場合、「技術・人文知識・国際業務」は「日本の会社との契約」が必要になりますが、当該外国人は転勤する前に海外の企業に採用された時点で当該企業との間で雇用契約等をすでに結んでおり、同一の法人の外国の事業所から日本の事業所への転勤の場合は、新たな契約が不要であるとされています（☞**Q61**）。

7. 海外で行っていた職務内容と日本で行う職務内容の関連性

Q 70

海外で行っていた職務内容と日本で行う職務内容に関連性は必要ですか。

A 海外で行っていた業務と日本で従事する業務に関連性は必要ありません。ただし、海外で「技術・人文知識・国際業務」に該当する業務を行っており、日本で行う業務に関しても「技術・人文知識・国際業務」に該当する必要があります。

8. 駐在員事務所開設と「企業内転勤」

Q 71

駐在員事務所を設け、日本で市場調査をしようと思うのですが、「企業内転勤」の在留資格で日本に在留できますか。

A 「企業内転勤」の在留資格は、同一会社内の異動もしくは系列企業内（「親会社」、「子会社」および「関連会社」を指します）の出向等により、海外の会社から日本の会社へ期間を定めて異動することを予定しています。駐在員事務所を設け、日本で市場調査等を行う場合でも「企業内転勤」の在留資格を取得することができます。しかし、駐在員事務所ということで営業活動を行うことはできず、あくまでも日本進出のためのマーケティング等の業務に従事することとなります。

Ⅳ 経営・管理

1. 在留資格「経営・管理」の概要

Q 72

「経営・管理」とはどのような在留資格ですか。

A 「経営・管理」の在留資格は、「経営」にかかる部分と「管理」にかかる部分とに分類されます。「経営」はまさに事業の経営に従事する者として代表取締役、取締役、監査役等の役員活動が該当し、「管理」は事業の管理業務に従事する部長、工場長、支店長等の管理者としての活動が当てはまります。ただし、管理で申請する場合において、単に部長など例示された肩書きがあればよいものではなく、場合によっては組織図などを提出し、一定の規模以上の組織および人員等を管理する立場にあることを立証する必要があることに注意しましょう。

2. 「経営・管理」取得と資本金拠出の関係性

Q 73

「経営・管理」を取得するには資本金を500万円自ら
出資しなければいけませんか。

A そのような決まりはありません。

　自ら資本金を拠出しなければならないという規定はなく、事業の
「規模」についての定めにある「資本金の額または出資の総額が
500万円以上であること」という一文からそのように理解している
人も多いようです。「規模」について規定している上陸基準省令で
は、事業の規模が次のいずれかに該当していることとしています。

① 　経営または管理に従事する者以外に日本に居住する2人以上の
　　常勤職員（法別表第一の上欄の在留資格をもって在留する者を除
　　きます）が従事して営まれるものであること
② 　資本金または出資の総額が500万円以上であること
③ 　①または②に準ずる規模であると認められるものであること

　上記によれば資本金が500万円なくても日本に居住する2人以上
の常勤職員（法別表第一の上欄の在留資格をもって在留する者を除
きます）を雇用していればよいとしています。法別表第一の上欄の
在留資格をもって在留する者を除くとは、具体的に日本人、永住
者、日本人の配偶者等、永住者の配偶者等、定住者などを指しま
す。
　またこれらの人を1人しか雇用しない場合の扱いについて、「常
勤職員が1人しか従事していないような場合に、もう1人を従事さ

せるのに要する費用を投下して営まれるような事業の規模がこれに当たる。この場合の当該費用としては、概ね250万円程度が必要と考えられる。」（審査要領）としています。また③は、例えば「外国人が個人事業の形態で事業を開始しようとする場合に、500万円以上を投資して営まれるような事業の規模がこれに当たる。」としています。この場合の500万円の投資とは、当該事業を営むのに必要なものとして投下されている総額であり、事業所の確保、雇用する職員の報酬等、その他事業所に備え付けるための事務機器購入経費および事業維持にかかる経費とされています。

3. 「経営・管理」取得と事業所要件

Q 74

> イニシャルコストを抑えるため、ジェトロのオフィスで事業を運営しようと考えています。「経営・管理」を取得する上で問題はありますか。

A 「経営・管理」の要件として「事業を営むための事業所が本邦に存在すること」とあり、事業所の存在が不可欠です。そのため、実態を伴わないバーチャルオフィスは事業所として認められないとされています。その他にも月単位の短期間賃貸スペース等を利用したり、容易に処分可能な屋台等の施設を利用したりする場合に、それを合理的とする特別の事情がない限り、事業所として認められないとしています。

　一方で「インキュベーター（経営アドバイス、企業運営に必要なビジネスサービス等の橋渡しを行う団体・組織）が支援している場合で、申請人から当該事業所に係る使用承諾書等の提出があったと

きは、独立行政法人日本貿易振興機構（ジェトロ）が運営する対日投資・ビジネスサポートセンター（IBSC）の提供するオフィスなどのインキュベーションオフィス等の一時的な住所又は事業所であって、起業支援を目的に一時的に事業用オフィスとして貸与されるものの確保をもって、『事業所の確保（存在）』の要件に適合しているものとして取り扱う」（審査要領）としています。

4. 「経営・管理」取得に関する事業の安定性や継続性

Q 75

> 事業の安定性や継続性がないとされ、不許可となりました。どうしてでしょうか。

A 「決定する在留期間の途中で事業が立ちいかなくなる等在留活動が途切れることが想定されるような場合は、『経営・管理』の在留資格に該当する活動を行うものとは認められない。この観点から、外国人が経営又は管理に従事する事業が安定して営まれるものと客観的に認められることが必要である」（審査要領）とされています。そのため、在留資格認定証明書交付申請時に提出する事業計画書に明確性や具体性がないと不交付になる場合があります。

5. 二期連続赤字になってしまった場合の 「経営・管理」の在留期間の更新

Q 76

二期連続赤字になってしまいましたが、在留期間は更新できますか。

A 「経営・管理」の在留期間の更新には、事業が安定して営まれるものと客観的に認められることが必要となります。在留期間更新許可申請時において、決算書類からこれが判断されることとなります。審査要領によれば、「事業の継続性については、今後の事業活動が確実に行われることが見込まれなければならない。しかし、事業活動においては様々な要因で赤字決算となり得るところ、単年度の決算状況を重視するのではなく、賃借状況等も含めて総合的に判断することが必要である。なお、債務超過が続くような場合は、資金の借入先を確認するなどし、事業の実態、本人の活動実態に虚偽性がないか確認する。特に、二年以上連続赤字の場合、本人の活動内容を含め、慎重に調査する。」としています。このことから二期連続赤字になったからといって必ずしも不許可となることはなく、繰上利益剰余金の有無や金額、今後の事業計画などによって事業の継続性や安定性を立証することにより、許可される可能性もあります。

6. 個人事業主による「経営・管理」の取得の可否

Q 77

個人事業主は「経営・管理」の在留資格を取得できませんか。

A 個人事業主であっても「経営・管理」の在留資格の取得は可能です。ただし、事業の「規模」についての定めがあり、「資本金の額または出資の総額が500万円以上であること」とされています。500万円の投資とは、当該事業を営むのに必要なものとして投下されている総額であり、事業所の確保、雇用する職員の報酬等、その他事業所に備え付けるための事務機器購入経費および事業維持にかかる経費とされています。これらを立証するため、具体的には事務機器購入経費に費やした領収書、職員の給与明細や源泉徴収票、事業所の地代家賃の支払いを証する資料などを提出することとなります。

7. 海外居住者が会議のため「短期滞在」で来日する可否

Q 78

海外居住者ですが日本の会社の代表取締役に就任し、報酬も支払われています。会議に参加するために日本に行くことに何か問題がありますか。

A 海外で行う主たる業務を遂行するために日本での会議に参加する場合は、報酬の支払いなど一定の留意点をクリアすれば、たいて

い短期商用として「短期滞在」の在留資格で上陸可能です。

　ただし、審査要領によれば、日本の会社の代表取締役に就任し、かつ日本法人から報酬を支払われている場合、たとえ活動内容が会議の参加でも「経営・管理」の在留資格の取得が求められます。

8. 「技術・人文知識・国際業務」保有者が取締役就任時に「経営・管理」へ資格変更する必要性

Q 79

「技術・人文知識・国際業務」の在留資格で働いていましたが、取締役に就任しました。すぐに「経営・管理」に変更すべきですか。

A 審査要領によれば、「企業の職員として『技術・人文知識・国際業務』の在留資格で在留していた外国人が、昇進等により当該企業の経営者や管理者になったときは、直ちに『経営・管理』の在留資格に変更するまでは要しないこととし、現に有する『技術・人文知識・国際業務』の在留資格の在留期限の満了に併せて『経営・管理』の在留資格を決定しても差し支えない。」とされています。

　つまりこのケースにおいては、次の更新時において「経営・管理」へ在留資格を変更すればよいこととなります。ただし、実際の活動と在留資格に齟齬が生じている状態は必ずしもよいものとはいえません。可能であれば、活動に変更がある時点で適正な在留資格へ変更することをお勧めします。

V 高度専門職1号

1. 在留資格「高度専門職」の概要

Q 80

「高度専門職」とはどのような在留資格ですか。

A 高度外国人材の受入れを促進するため、平成27年4月1日に創設された在留資格です。

(1) ポイント制と出入国管理上の優遇措置

学歴・職歴・年収等の項目ごとにポイント（点数）をつける「ポイント制」という仕組みを通じて、70ポイント以上のポイントがある外国人を「高度外国人材」とし、出入国管理上の優遇措置を受けることができます。高度専門職1号の場合、優遇措置には以下のものがあります。

① 複合的な在留活動の許容
② 「5年」の在留期間の付与
③ 在留歴に係る永住許可要件の緩和
④ 入国・在留手続の優先処理
⑤ 配偶者の就労
⑥ 一定の条件の下での親の帯同
⑦ 一定の条件の下での家事使用人の帯同

(2)　高度専門職の種類

　高度専門職には2種類あり、1号と2号に分かれています。さらに高度専門職1号は3種類に分かれており1号イ、1号ロ、1号ハに分かれています。

　1号イに該当する活動は主に「教授」、「研究」または「教育」の在留資格に相当する活動と重複します。

　1号ロは主に「技術・人文知識・国際業務」の在留資格に相当する活動と重複します（国際業務にあたる活動は除きます）。また「技術・人文知識・国際業務」の在留資格と同一の活動を包含している「企業内転勤」も重複することが想定されており、「教授」、「芸術」、「報道」、「経営・管理」、「法律・会計業務」、「医療」、「研究」、「教育」、「介護」、「興行」も重複し得ます。さらに、「宗教」または「技能」の在留活動に相当する活動を行う者が「技術・人文知識・国際業務」に属する業務に従事する場合も重複し得ます。

　1号ハは主に「経営・管理」の在留資格に相当する活動の他、「法律・会計業務」の在留資格に相当する活動（個人事業主として法律事務所を経営する活動など）および「興行」の在留資格に相当する活動（マネジメント会社を経営して行う芸能活動など）も重複します。

　高度専門職2号は、高度専門職1号の在留資格をもって一定期間在職した者を対象とし、活動制限を大幅に緩和した在留資格であり、在留期間は無制限とされています。

2. 高度専門職ポイント表の計算における ストックオプションの取扱い

Q81

高度専門職ポイント表の計算にあたり、報酬のポイントにストックオプションは入りますか。

A 「報酬」の考え方としては、「一定の役務の給付の対価として与えられる反対給付」です（☞**Q18**）。手当は基本的には除外と考えますが、趣旨に鑑みて勤勉手当、調整手当は含まれると解されています。一方、通勤手当、扶養手当、住宅手当等の実費弁償の性格を有するもの（課税対象となるものは除きます）は含まれません。ボーナスは一定の役務提供に対する反対給付なので報酬に含まれます。

　これらを考慮すればストックオプションは一定の役務提供に対する反対給付と解することは難しく、報酬に該当しない可能性が高いと考えられます。行政書士の実務では、雇用契約書等の労働条件が記載されている書類から、これらを判断しなければなりません。

3. ポイント計算の職歴と「技術・人文知識・ 国際業務」の職歴の考え方

Q82

ポイント計算の職歴と「技術・人文知識・国際業務」の職歴は同様の考え方でよいですか。

A 「高度専門職」はその職歴によって付与されるポイントが違います。職歴とは日本で従事する業務に関して実務経験があることを

いい、この定義は「高度専門職」と「技術・人文知識・国際業務」で同義であるとされます。つまり、「職業活動として当該業務に従事した期間が該当し、教育機関（夜間学部を除く。）に所属している間アルバイト的に従事した期間は含まない。」となります。

　少し注意が必要な部分としては「技術・人文知識・国際業務」において実務経験10年以上を要件として申請する場合は、その実務経験には大学等において当該技術または知識に関連する科目を専攻した期間を含むことができるのに対し、高度専門職のポイント評価においてはこの期間を含めることができないことです（☞**Q20**）。

4. 日本の大学院の経営学専攻をポイント計算の学歴「MBA」へ加算する可否

Q 83

> ポイント計算の学歴「MBA」は、日本の大学院の経営学を専攻していれば加算されますか。

A　高度専門職1号ロ・ハの高度専門職ポイント計算表の学歴の欄には「経営管理に関する専門職学位（MBA、MOT）を保有」があり、それぞれ25ポイント加算されます。一般的にMBAは経営学の修士課程を指すので、経営学の修士を取得していればよいと考えがちですが、日本の大学院は注意が必要です。「経営管理に関する専門職学位」とあるため、単に経営学の修士課程を卒業したのみではなく、専門職学位の取得が必要となります。文部科学省が公表している専門職大学院一覧の学位名称の欄に「経営管理修士（専門職）」と記載のあるものがポイントの加算対象です。

5. ポイントが加算される「学術論文3本以上」の確認方法

Q 84

ポイントが加算される学術論文が3本以上というのはどのように確認すればよいのですか。

A 高度専門職1号イ・ロの高度専門職ポイント計算表の研究実績の欄には「学術論文データベースに登録されている学術雑誌に掲載された論文が3本以上　※責任著者であるものに限る」とあります。確認方法として、オランダのエルゼビア社が提供しているサイバース・スコーパスというデータベースによる確認があります。例えば行政書士が業務として担当する場合であれば、申請人にサイバース・スコーパスに掲載されている検索画面を準備してもらい、確認することが必要です。責任著者の確認方法としては、サイバース・スコーパスによる検索画面では「著者」欄で最初に表示されている者が責任著者となっています。

6. 「高度専門職」における手続きの処理期間

Q 85

「高度専門職」の場合、各種手続きの処理期間はどのくらいですか。

A 「高度人材ポイント制Q&A」によれば「出入国在留管理庁は、高度外国人材に関する入国手続（在留資格認定証明書交付申請）については申請受理から10日以内、在留手続（在留期間更新許可申

請・在留資格変更許可申請）については申請受理から5日以内に処理するように努めます」とありますが、実際の実務ではこれより少し遅い印象があります。追加資料提出通知書などで質問や資料を求められたときは、当然、先の期間より著しく遅くなります。

7. 海外の会社からの報酬をポイント加算の年収に含める可否

Q 86

> 日本の会社の代表取締役に就任するため「高度専門職1号ハ」を考えています。海外の会社の代表取締役も務めていますが、海外の会社からの報酬はポイント加算の年収に含めることができますか。

A 「高度人材ポイント制Q&A」によれば「外国の会社等から転勤によって日本の会社等に受け入れられる場合で、報酬が海外の会社等から支払われる場合には、外国の会社等から支払われる報酬が、ポイント計算における報酬に含まれます（そのことを立証していただく必要があります。）」とされています。そのため、海外の会社からの転勤のため「企業内転勤」の要件で「高度専門職」を申請する場合、海外の会社から支払われている報酬も、基本的には報酬のポイントとして加算することができます。

　これ以外のケースにおいては個別判断となります。代表取締役のように、転勤ではなく日本の会社との委任契約等に基づく場合、海外の会社からの報酬は原則として報酬のポイントとして加算することはできないと解されます。

8. 「高度専門職」取得と永住要件緩和の関連性

Q 87

「高度専門職」を取得すれば永住要件が緩和されると聞きましたが、本当ですか。

A 高度専門職の優遇措置として、「在留歴に係る永住許可要件の緩和」があります。本来であれば原則10年間の在留歴を必要とするところ、70ポイント以上であれば在留資格取得時から3年、80ポイント以上であれば在留資格取得時から1年で在留歴にかかる永住許可要件を満たすこととなります。

しかし、実は「高度専門職」の在留資格を取得していなくても適用されます。例えば「技術・人文知識・国際業務」で上陸後1年経過した者が「1年前」も80ポイント以上満たしていたこと、および、「現在」（年収は今後1年間の予定年収）も80ポイント以上満たしていることを疎明資料により立証できた場合は、「在留歴に係る永住許可要件の緩和」が適用され、永住許可申請をすることができます。

ただし、永住許可申請をするには3年もしくは5年の在留期間を持っていることが必要です。日本に来る前から永住を希望しているとわかっている場合、在留資格認定証明書交付申請において「技術・人文知識・国際業務」で申請をしてしまうと、会社のカテゴリー等により3年以上の在留期間を取得できない可能性があります。そのため、行政書士等はあらかじ本人が永住許可申請にトライしたいという希望がある場合は、会社のカテゴリー等によって「技術・人文知識・国際業務」ではなく「高度専門職」で申請することを視野に入れる必要があります。

9. 「高度専門職」を取得するメリット

Q 88

「高度専門職」を取得すると、どのようなメリットが
ありますか。

A 高度専門職の優遇措置は以下の通りです。

① 複合的な在留活動の許容

② 「5年」の在留期間の付与

③ 在留歴に係る永住許可要件の緩和

④ 入国・在留手続の優先処理

⑤ 配偶者の就労

⑥ 一定の条件の下での親の帯同

⑦ 一定の条件の下での家事使用人の帯同

　著者の実務経験からいうと、①・⑤・⑦を使っている高度外国人
材はあまり見受けられません。⑥は相談レベルで何度か問合せを受
けたことがあります。②・③・④は高度専門職を取得する際に受け
る反射的なものと考えられます。

　受入企業がカテゴリー2以上であれば、在留期限は5年付与され
る可能が高く、審査期間も比較的短くなります。「在留歴に係る永
住許可要件の緩和」についても「技術・人文知識・国際業務」で問
題ありません。かつ独身であれば⑤・⑥はほぼ関係ないため、カテ
ゴリー2以上の独身者に対して、「高度専門職」の疎明資料の準備
に時間がかかる場合は、「技術・人文知識・国際業務」も検討しま
しょう。

VI 技　　能

1. 在留資格「技能」の概要

Q 89

「技能」とはどのような在留資格ですか。

A 「技能」という在留資格は、「我が国の経済社会や産業の発展に寄与するとの観点から、日本人で代替できない産業上の特殊な分野に属する熟練した技能を有する外国人を受け入れるために設けられたものである」とあります。

このことから、「技能」の1号で定められている「調理師」はインド料理・タイ料理等外国特有の産業分野であり、熟練した技能を有する者として10年以上の業務経験（タイ調理師の場合は5年）が必要です。

また8号で定められている「スポーツ指導者」はヨガインストラクターなど、わが国の水準よりも外国の技能レベルが高い分野であり、熟練した技能を有する者として基本的には3年以上の業務経験（外国の教育機関において当該スポーツの指導にかかる科目を専攻した期間および報酬を受けて当該スポーツに従事していた期間を含みます）等が必要です。

従事する業務者が少数しか存在しない産業分野として、7号に定められている「航空操縦士」は、熟練した技能を有する者として250時間以上の飛行経歴を有する者等とされています。

2. 「技能」に該当する職業

Q 90

「技能」に該当するのはどのような職業ですか。

A 「技能」は1号から9号まで定められています。いずれも熟練した技能を要する活動であり、特別な技能・判断等を必要としない機械的な作業である単純労働とは区別されます。

1号　調理師
2号　建築技術者
3号　外国特有製品の製造・修理
4号　宝石・貴金属・毛皮加工
5号　動物の調教
6号　石油・地熱等掘削調査
7号　航空操縦士
8号　スポーツ指導者
9号　ワイン鑑定等

3. 実務経験10年を証明する在職証明書における電話番号の記載の必要性

Q 91

「調理士」として申請します。実務経験10年を証明する在職証明書に、勤務していた店の電話番号が記載されてないのですが、問題ありますか。

A 在職証明書の信憑性を担保するため、管轄の出入国在留管理局

が在職証明書に記載されている電話番号に電話して事実確認を行うことが過去にあったようです。そのため、代理人申請や取次申請をする場合は、念のため在職証明書に記載されている店舗名や所在地をインターネットで検索し、確認しましょう。

4. オーナーシェフが必要とする在留資格

Q 92

オーナーシェフとして働く予定ですが、「技能」の在留資格で問題ないでしょうか。

A オーナーシェフが経営者を意味する場合は、「経営・管理」の在留資格を取得する必要があります。「技能」の在留資格は熟練した技能を有する外国人を受け入れるために設けられたものであり、経営等の活動はできません。

このことは「経営・管理」を申請する際にも問題となります。例えばインド料理店などを開業しようとする場合、「オーナーシェフ」は認められず、調理においては必ず「技能」の在留資格を有する外国人を従業員として採用し、経営者は経営業務に従事することが求められます。経営者と調理師は一人二役でこなすことはできず、それぞれ適任者を選定することとなります。

VII 届出等在留管理

1. 在留カードの受取りのタイミング

Q 93

「特定活動（内定待機）」の人が「高度専門職1号ロ」を申請しました。在留カードはいつ受け取ればよいですか。

A 在留カードと活動内容が一致する時点で受け取りましょう。

例えば10月1日採用のため、3月31日に大学を卒業して「留学」から「特定活動（内定待機）」に変更、その際に資格外活動の許可を得てアルバイトをしているケースにおいて、「高度専門職1号ロ」への在留資格変更許可申請が7月25日に下りたとします。7月30日に高度専門職1号ロの在留カードを受け取ってしまうと、在留資格「高度専門職1号ロ」と実際の活動（内定待機）に相違が生じます。在留資格と実際の活動に乖離がある状態は、決して望ましいものではなく、「高度専門職」は働く場所も指定されているため、アルバイトは継続できません。「特定活動」の在留期限が10月1日以降であるならば、就労開始日の前日もしくは当日に「高度専門職1号ロ」の在留カードを受領することが望ましいと考えられます。

2. 留意すべき届出事項

Q 94

忘れがちな届出事項はありますか。

A 会社の本店所在地や商号が変更された場合、外国人労働者はそれに伴う「所属機関等に関する届出」を行う義務があることには留意すべきです。この届出を行わなかった場合、20万円以下の罰金が科せられ、また虚偽の届出は1年以下の懲役または20万円以下の罰金に処せられることがあります。また、会社の本拠地変更にともなって住居地も変わった場合、その届出をしなかったり、虚偽の届出をしたりした場合には、在留資格が取り消されることがあります。虚偽の届出をして懲役に処せられた場合は、退去強制事由にも該当します。

「在留資格の変更、在留期間の更新許可のガイドライン」では、「在留資格の変更及び在留期間の更新は、入管法により、法務大臣が適当と認めるに足りる相当の理由があるときに限り許可することとされており、この相当の理由があるか否かの判断は、専ら法務大臣の自由な裁量に委ねられ、申請者の行おうとする活動、在留の状況、在留の必要性等を総合的に勘案して行っているところ、この判断にあたっては、以下のような事項を考慮します」とあります。考慮事項の1つとして「入管法に定める届出等の義務を履行していること」があります。この届出を怠ったために、在留期間更新許可申請において本来3年の在留期間が付与される可能性があったところ、1年になってしまったという事例があります。

3. 在留カードを紛失した場合の手続き

Q 95

在留カードをなくしてしまったのですが、どうしたら
よいでしょうか。

A まず警察署へ遺失物届を提出し、遺失物届証明書を受領しま
す。次に住居地を管轄する出入国在留管理局へ紛失等による在留
カードの再交付申請を行います。必要書類は以下の通りです。

① 在留カード再交付申請書

② 写真1葉（指定の規格を満たしたもの）

 ※ 16歳未満の人は不要です。

③ 所持を失ったことを証する資料

 遺失届出証明書、盗難届出証明書など

④ 漢字氏名の併記を希望する場合は在留カード漢字氏名表記申出
書

⑤ 旅券（または在留資格証明書）

⑥ 旅券（または在留資格証明書）を提示できないときは、その理
由を記載した理由書

⑦ 資格外活動許可書（同許可証の交付を受けているものに限りま
す）

⑧ 身分を証する文書（旅券（または在留資格証明書）を提示でき
ない場合、または申請取次者が申請を提出する場合）

 なお、新しい在留カードは原則として申請をした当日に交付され
ることとなっています。

第3章

外国人雇用の法務
～ブルーカラー系の在留資格～

I　総　　論

1.　現場労働に従事するための在留資格

Q 96

この章にあげられている在留資格は前章の在留資格と
どのような違いがありますか。

A　大きな違いは、本章であげられている在留資格は現場労働に従
事することができるという点です。

　前章にあげられている在留資格は、前提として学術上の素養を背
景とする一定水準以上の専門的知識を必要とする活動や、外国の文
化に基盤を有する思考または感受性を必要とする業務等である必要
があります。宿泊施設における接客およびレストランサービスのよ
うな現場労働を主とする活動は、前章の在留資格（「技能」など一
部の例外は除きます）では認められていませんが、本章であげられ
る在留資格では従事することも可能です。

　日本では労働人口の減少等を理由に、産業によっては人手不足が
顕著であり、その解決策として「特定技能」が創設されました。ま
た発展途上国への技術移転を目的として「技能実習」が設けられて
います。

　さらに在留期限にも違いがあります。前章の在留資格は更新に制
限がありませんが、本章の在留資格は更新に制限があります。

2. 在留資格「技能実習」の概要

Q 97

「技能実習」について教えてください。

A (1) 技能実習制度の概要、(2) 技能実習制度の略歴、(3) 技能実習制度の現状に分けて説明します。

(1) 技能実習制度の概要

技能実習制度は、国際貢献のため、開発途上国等の外国人を日本で一定期間（最長5年間）に限り受け入れ、OJTを通じて技能を移転する制度です（厚生労働省「令和3年8月1日一部改正　技能実習法・主務省令等の周知資料」）。

(2) 技能実習制度の略歴

① 技能実習制度の創設

平成5年に「技能等の移転を図り、その国の経済発展を担う人材育成を目的」として技能実習制度が創設されました。現行の制度と違い、まず1年間技術を習得する目的で「研修」という在留資格が与えられ、次の1年間でその技術を向上させる目的で「特定活動」という在留資格が与えられました。この「特定活動」の期間は平成9年の法改正によって2年に延長されました。

② 在留資格「技能実習」が創設

平成22年に入管法の改正により、在留資格「技能実習」が創設されて、現在の制度の原型となりました。新たに創設された「技能実習1号・2号」は、労働者として仕事に従事するようになりました。法改正前の「研修」では研修生扱いだったため、労働関係法規

が適用されず、様々な弊害が起きたことを受けての改正でした。

③ 「技能実習法」施行と在留資格「技能実習3号」が創設

　平成29年11月、外国人の技能実習の適正な実施及び技能実習生の保護に関する法律（以下、「技能実習法」といいます）が施行され、現在の制度となりました。同年、在留資格「技能実習3号」が創設され、優良な監理団体・実習実施機関では最長で5年（技能実習1号1年、技能実習2号2年、技能実習3号2年）の受入れが可能になるとともに、受入人数枠の拡大等が認められました。

（3）　技能実習制度の現状

　技能実習生は令和3年末時点で全国に276,123人在留しています。受入人数の多い国は、①ベトナム（160,563人）、②中国（37,489人）、③インドネシア（25,007人）です（出入国在留管理庁ホームページ）。

3.　在留資格「特定技能」の概要

Q 98

　平成31年4月に創設された「特定技能」の概要について教えてください。

A　中小・小規模企業をはじめ深刻化する人手不足に対応するため、生産性向上や国内人材の確保のための取組みを行ってもなお人材を確保することが困難な状況にある産業上の分野において、一定の専門性・技能を有し即戦力となる外国人を受け入れていく仕組みを構築することを制度趣旨としています。

(1) 「特定技能」の制度を使える業種

　すべての産業において「特定技能」の制度を使えるわけではなく、人手不足が顕著な介護分野、ビルクリーニング分野、素形材・産業機械・電気電子情報関連製造業分野、建設分野、造船・舶用工業分野、自動車整備分野、航空分野、宿泊分野、農業分野、漁業分野、飲食料品製造業分野、外食業分野の12分野に限られています。

(2) 「特定技能」の在留資格

　「特定技能」の在留資格は1号と2号に分かれます。

① 「特定技能1号」

　1号は「相当程度の知識又は経験を必要とする技能」を要する業務に従事する外国人向けの在留資格です。「相当程度の知識又は経験を必要とする技能」には、試験その他評価方法により証明されていることを求められます。または「技能実習2号」を良好に修了している者であり、かつ、当該修了している技能実習において修得した技能が、従事しようとする業務において要する技能と関連性が認められる場合もこれに該当します。なお、1号での在留期間は通算して5年とされており、家族の帯同は許されていません。

② 「特定技能2号」

　2号は「熟練した技能」を要する業務に従事する外国人向けの在留資格です。「熟練した技能」には、試験その他の評価方法により証明されていることを求められます。なお、在留期間の更新に制限はなく、家族の帯同も許されています。現在2号で受入れが許されているのは建設分野、造船・舶用工業分野の2分野のみです。

4. 「技能実習」と「特定技能」の違い

Q 99

「技能実習」と「特定技能」の違いは何ですか。

A (1) 目的、(2) 法律関係、(3) 受入れの方式、(4) 申請の4項目に分けて説明します。

(1) 目　　的

「技能実習」は、発展途上国支援のための人材教育制度であるのに対し、「特定技能」は人手不足が深刻な産業分野での外国人材の受入れを目的としています。

(2) 法律関係

「技能実習」は主に技能実習法と入管法等、「特定技能」は主に入管法、特定技能外国人受入れに関する運用要領（以下、「特定技能運用要領」といいます）等により定められています。

(3) 受入方式

「技能実習」には企業単独型と団体監理型があり、団体監理型が9割以上を占めています（☞**Q132**）。団体監理型は非営利の団体、例えば商工会議所などが許可を受けて監理団体となり、外国人受入企業を監理します。一方、「特定技能」は有料職業紹介業者などから人材を採用し、受入企業が法的義務を果たします。支援計画については登録支援機関に委託することができます。

(4) 申　　請

　「技能実習」では、まず、技能実習機構に対して技能実習計画の認定申請を行います。技能実習機構から認定通知書が交付されたら、その認定通知書をもって管轄の出入国在留管理局に対して在留資格認定証明書交付申請等を行います。一方、「特定技能」は管轄の出入国在留管理局へ申請を行います。申請は受入企業の他、登録支援機関や行政書士等が取次ぎをすることも可能です。

Ⅱ　特定技能

1.「特定技能」が複雑で難しいとされる理由

Q100

「特定技能」が複雑で難しいとされる理由は何ですか。

A　制度を利用するには、**(1)** 理解すべき法令が多いこと、**(2)** 受入機関に多くの義務が課せられていることがあげられます。

(1)　理解すべき法令が多い

入管法、入管法施行規則、特定技能基準省令、労働基準法（以下、「労基法」といいます）、労働安全衛生法（以下、「安衛法」といいます）、雇用保険法、労働者災害補償保険法（以下、「労災保険法」といいます）、健康保険法、職業安定法、労働者派遣事業の適正な運営の確保及び派遣労働者の保護等に関する法律（以下、「労働者派遣法」といいます）、育児休業、介護休業等育児又は家族介護を行う労働者の福祉に関する法律（以下、「育児介護休業法」といいます）といった労働関係諸法令、および租税関係諸法令などの理解が必要とされています。複数の法令で特定技能外国人を保護することが目的であり、違反すると処分を受けます。

(2)　受入機関に多くの義務が課せられている

事前ガイダンスや出入国する際の送迎など、一定の支援を受入機

関に課しています（☞**Q119**）。この支援業務は、法務大臣が登録を認めた登録支援機関が受入機関に代わって行うことができます。また、定時の届出や特定の事項が生じたときの臨時の届出などがあります。

2. 「特定技能」の制度があげる法令を遵守できなかった場合のリスク

Q101

「特定技能」の制度においてあげられている法令を守れなかった場合、どのようなリスクが考えられますか。

A 特定技能外国人の受入企業が、労働関係法令を遵守していない状態で外国人を雇用し、就労させている場合は、不法就労をさせたとして不法就労助長罪が成立する可能性があります。

3. 行政書士が「特定技能」の取次ぎをするにあたって必要となる知識

Q102

行政書士が「特定技能」の取次ぎをするにあたり、どのような知識が必要でしょうか。

A 特定技能の申請・届出には入管法、関連法および特定技能運用要領はもとより、労働・社会保険諸法令および税法関連の知識がないと適否が判断できない項目が多数あります。行政書士は社会保険労務士、税理士等と連携してチェックが行える体制を整備しておくことが望ましいといえます。

4. 受入企業の留意点

Q103
受け入れる企業はどのような点に注意すべきですか。

A 受入企業の注意点は大きく分けて、**(1)** 届出の提出義務と法令の遵守、**(2)** 支援義務と実施にかかるコスト、**(3)** 転職する可能性の考慮です。

(1) 届出の提出義務と法令の遵守

特定技能制度には、5種類の随時の届出と2種類の定時の届出義務が課せられています（☞**Q121**）。届出の不履行や虚偽の届出については、欠格事由（不正行為）に該当するほか、罰則または過料の対象とされています。この申請・届出には、入管法、関連法および特定技能運用要領はもとより、労働・社会保険諸法令および税法関連が自社で遵守されているかを確認する体制整備が必要です。在留期間中にこれらが遵守されていなければ問題が発生します。

また、特定技能外国人に支払う報酬額は、日本人が従事する場合の報酬額と同等以上とされています。

(2) 支援義務と実施にかかるコスト

支援計画に基づいた支援（☞**Q119**）を行うため、日本人を雇用するより割高となることが一般的です。特定技能外国人を安価な労働力ではなく、企業の将来を担う人材として捉えましょう。

(3) 転職する可能性の考慮

転職が可能なので、人材が動く可能性があります（☞**Q110**）。

5. 「特定技能」で受入れが可能な外国人

Q104

どういった外国人なら「特定技能」で受け入れることが
できますか。

A 特定技能外国人が満たさなければならない要件は、上陸基準省
令により定められていますが、主なものを抜粋し、特定技能運用要
領による説明を加えると以下の通りです。

① 「18歳以上であること」

特定技能外国人が18歳未満でも在留資格認定証明書交付申請を
行うことは可能です。ただし日本に入国する時点で18歳以上であ
ることが必要です。

② 「健康状態が良好であること」

新たに日本に入国する（在留資格認定証明書交付申請を行う）場
合には、申請日から遡って3か月以内に医師の診断を受け、日本で
行う活動に支障がない健康状態であることを証明します。

③ 「従事しようとする業務に必要な相当程度の知識又は経験を必要とす
る技能を有していることが試験その他の評価方法により証明されている
こと」

試験その他の評価方法により証明されていることが求められてい
ます。なお、技能実習2号の良好修了者はこれに該当する必要はあ
りません。

④ 「本邦での生活に必要な日本語能力及び従事しようとする業務に必要
な日本語能力を有していることが試験その他の評価方法により証明され
ていること」

試験その他の評価方法により証明されていることが求められてい

ます。なお、技能実習2号の良好修了者はこれに該当する必要はありません。

⑤ 「特定技能の在留資格をもって本邦に在留したことがある者にあっては、当該在留資格を持って在留した期間が通算して5年に達していること」

「通算」とは「特定技能1号」で在留した期間をいい、過去に「特定技能1号」で在留していた期間も含みます。また次の期間も通算されます。

（ア）　失業中や育児休暇および産前産後休暇等による休暇期間

（イ）　労災による休暇期間

（ウ）　再入国許可による出国（みなし再入国による出入国を含みます）

（エ）　「特定技能1号」を有する者が行った在留期間更新申請中または在留資格変更許可申請中（転職を行うためのものに限ります）の特例期間

（オ）　特例措置として「特定活動1号」への移行準備のために就労活動を認める「特定活動」で在留していた期間

　ただし次の場合は通算されません。

㋐　再入国許可により出国（みなし再入国による出国を含みます）したものの、新型コロナウイルス感染症のため上陸拒否等の理由により再入国することができなかった期間

㋑　新型コロナウイルス感染症の影響により、受入機関または受入予定機関の経営状況の悪化（倒産、人員整理、雇止め、採用内定の取消し等）等により、自己の責めに帰すべき事由によらず活動することができなくなり現在の在留資格で日本に引き続き在留することが困難となった外国人、または、予定された技能実習を修了した技能実習生のうち新型コロナウイルス感染症による空港の

閉鎖や移動の制限等を受けて帰国が困難となった外国人の本邦での雇用を維持するため、特定産業分野において、特定技能の業務に必要な技能を身につけるために在留資格「特定活動」で在留した期間

その他保証金の徴収・違約金契約等に関するものなどもあり、上記のような細目があるため注意してください。

6. 「特定技能」の受入人数が計画通りに 増えていない理由

Q105

「特定技能」が計画通りに受入人数が増えていないのにはどのような理由が考えられますか。

A 創設当初は、特定技能評価試験の実施が遅れていること、受入機関側に対する義務的負担が多いことなどを理由に、申請件数が伸び悩んでいました。また新型コロナウイルス感染症の影響により、令和2年3月から新規入国が基本的にできなくなっていることも外的要因としてあげられます。

とはいえ、令和2年から徐々に特定技能で在留する外国人労働者数は増え、同年後半から現在にかけて大幅な伸びをみせています。上陸時から「特定技能」の資格を取得する割合が非常に低いのは、日本に長期間の在留を希望する外国人は、入口として「技能実習」を取得し、その後「特定技能」へ変更する傾向があることも1つの要因と考えられます（**資料3-1**）。

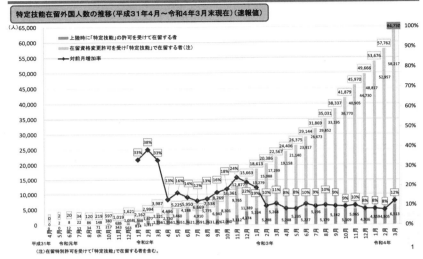

特定技能制度運用状況①

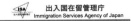

出典：出入国在留管理庁ホームページ

7. 特定技能外国人が扶養する妻や子どもの 「家族滞在」による在留の可否

Q106

「特定技能」の外国人が扶養する妻や子どもは「家族滞在」で在留することはできますか。

A　特定技能１号の外国人は、その妻子を「家族滞在」で帯同されることを認められていませんが、特定技能２号では家族の帯同が認められており、その妻子を「家族滞在」の在留資格で在留させることが可能です。

ただし「留学」の在留資格で在留中、妻子を「家族滞在」で在留させている外国人が「特定技能」へ在留資格を変更する場合は、そ

の妻子につき「特定活動」へ在留資格を変更することが認められる
場合があります。

8. 派遣会社が外国人を直接雇用し、派遣元として派遣する可否

Q107

派遣会社が外国人を直接雇用し、派遣元として派遣することは可能ですか。

A 現時点で派遣が認められているのは農業分野と漁業分野のみです。特定技能制度に関するQ&Aによると、農業と漁業に限って認められている理由は、季節による作業の繁閑が大きく、繁忙期の労働力の確保や複数の産地間での労働力の融通といった現場のニーズがあり、これに対応するために派遣形態を認めることが必要不可欠と考えられるからです。

（1）派遣元、（2）派遣先が満たすべき要件は以下の通りです。

（1） 派遣元が満たすべき要件

受入機関が通常満たすべき要件に加えて、次のいずれかに該当することが求められます。

① 当該特定産業分野にかかる業務または関連する業務を行っている個人または団体であること

② 地方公共団体または前記①に掲げる個人または団体が資本金の過半数を出資していること

③ 地方公共団体の職員または前記①に掲げる個人または団体もしくはその役員もしくは職員が役員であること。その他地方公共団体または前記①に掲げる個人または団体が業務執行に実質的に関

与していると認められること

④　外国人が派遣先において従事する業務の属する分野が農業である場合にあっては国家戦略特例区域法16条の5第1項に規定する特定機関であること

(2)　派遣先が満たすべき要件

①　労働、社会保険および租税に関する法令の規定を遵守していること

②　過去1年以内に、特定技能外国人が従事することとされている業務と同種の業務に従事していた労働者を離職させていないこと

③　過去1年以内に、当該機関の責めに帰すべき事由により行方不明の外国人を発生させていないこと

④　刑罰法令違反による罰則を受けていないことなどの欠格事由に該当しないこと

9.「特定技能1号」の外国人が従事する業務

Q108

「特定技能1号」の外国人が従事する業務について一部のみを行わせてよいですか。

Ⓐ　従事する業務については、分野により幅があります。例えば自動車整備分野での従事する業務は「自動車の日常点検整備、定期点検整備、特定整備、特定整備に付随」となっています。この分野の試験水準が、道路運送車両法（昭和26年法律185号）に基づく「日常点検整備」、「定期点検整備」および「分解整備」の実施に必要な能力を図るためという目的に照らせば、一定の業務のみに従事する

のではなく、「自動車の日常点検整備、定期点検整備、特定整備、特定整備に付随」に幅広く従事する活動を行うことが必要です。

10. 「特定技能2号」になるための手続き

Q109

「特定技能2号」は、「特定技能1号」を経た全員がなれますか。

A 「1号」を有しているすべての特定技能外国人が、希望すれば自動的に「2号」になれるものではありません。「2号」の外国人受入対象分野は建設分野と造船・舶用工業分野の2分野のみです。また「2号」は「熟練した技能」を持つ外国人向けの在留資格です。これは試験等によって確認されます。

11. 特定技能外国人の転職の可否

Q110

特定技能外国人の転職は可能ですか。

A 転職は可能です。ただし、無制限に職種を選べるのではなく、分野内では業務区分が設けられており、「同一の業務区分又は試験等によりその技能水準の共通性が確認されている業務区分間」とされています。つまり、転職前に従事していた業務区分間または試験等により技能水準の共通性が確認されている業務区分間では転職が可能です。

転職等により会社を変更する場合には、在留資格変更許可申請が必要になります。さらに転職先の職務内容が**第2章**であげた一定水準以上の業務である場合かつ、外国人に学歴や職歴等の要件に該当するものがあれば、「技術・人文知識・国際業務」の在留資格変更許可申請を経たのち、転職先で活動可能となります。

12.　協議会の加入についての注意点

Q111

協議会の加入について注意点があると聞きましたが、どのようなことですか。

A　協議会とは特定技能制度の適切な運用を図るために設置されているものであり、特定技能外国人を受け入れる受入機関は必ず加入し、構成員となる必要があります。多くの分野において、特定技能外国人の入国後4か月以内に加入する必要があるとされていますが、分野においては出入国在留管理局への申請前に協議会への加入を求めている分野もあるので注意が必要です（☞**Q114**）。

13. 特定技能外国人の受入れ前に必要な手続き

Q112

特定技能外国人を受け入れる前に必要な手続きはありますか。

A 外国人を受け入れる企業として、受入れ前にも遵守しなければならないものが数多くあります。

例えば、受け入れる外国人の国籍によっては、その国と締結している二国間協定において、特殊な手続きが定められています。フィリピン国籍の場合、出入国在留管理局に申請する前に駐日フィリピン大使館海外労働事務局（POLO）または在大阪フィリピン総領事館労働部門にフィリピン海外雇用庁（POEA）への登録申請が必要です（☞**Q13**）。

これに加え、企業が行わなければならない外国人への支援である「事前ガイダンスの提供」は、特定技能運用要領によると、入国前に支援責任者や支援担当者が対面またはテレビ電話装置もしくはその他（インターネットによるビデオ通話等）により、本人であることの確認を行った上で実施することが求められています。また外国人が十分に理解することができる言語により実施することが求められます。

14. 特定技能外国人の受入れが可能な分野

Q113

特定技能外国人の受入れが可能な分野を教えてください。

A 今現在認められている分野は以下の通り12分野です。

・介護分野

・ビルクリーニング分野

・素形材・産業機械・電気電子情報関連製造業分野

　※　令和4年に統合

・建設分野

・造船・舶用工業分野

・自動車整備分野

・航空分野

・宿泊分野

・農業分野

・漁業分野

・飲食料品製造業分野

・外食業分野

15. 産業分野ごとの特色

Q114

産業分野ごとの特色を教えてください。

A 特定技能外国人の受入れが認められている12分野には、共通

する事項の他に各分野特有の事項があります。

例えば「介護分野」であれば、通常「特定技能1号」に必要とされる介護技能評価試験、日本語評価試験の他に、介護日本語評価試験が必要になります。

また「素形材・産業機械・電気電子情報関連製造業分野（旧製造三分野）」においては、通常は特定技能外国人入国後4か月以内の加入が義務づけられている協議会の加入について、在留資格諸申請前の加入が求められています。

このように分野別に独自の決まりが多々あるため、必ず確認の上、それぞれの手続きを進める必要があります。

16. 技能実習と同じ産業分野での受入れの可否

Q115

技能実習と同じ産業分野でなら、特定技能も受入れが可能と考えてよいでしょうか。

A 「技能実習2号」を良好に終了した者が「特定技能」へ在留資格を変更することはできますが、「技能実習2号」の外国人が従事している2号移行対象職種のすべてが「特定技能」の分野に該当するとは限らず、一致していなければ受入れはできません。

技能実習2号移行対象職種と特定技能1号における分野（業務区分）との関係は**図表3−1**を参照してください。

●図表３－１　技能実習２号移行対象職種と特定技能１号における分野（業務区分）との関係

※　令和４年８月30日時点

1　農業関係（2職種6作業）

職種名	作業名	分野（業務区分）
耕種農業	施設園芸	農業（耕種農業全般）
	畑作・野菜	
	果樹	
畜産農業	養豚	農業（畜産農業全般）
	養鶏	
	酪農	

2　漁業関係（2職種10作業）

職種名	作業名	分野（業務区分）
漁船漁業	かつお一本釣り漁業	漁業（漁業）
	延縄漁業	
	いか釣り漁業	
	まき網漁業	
	ひき網漁業	
	刺し網漁業	
	定置網漁業	
	かに・えびかご漁業	
	棒受網漁業	
養殖業	ほたてがい・まがき養殖	漁業（養殖業）

3　建設関係（22職種33作業）

職種名	作業名	分野（業務区分）
さく井	パーカッション式さく井工事	建設（土木）
	ロータリー式さく井工事	
建築板金	ダクト板金	建設（ライフライン・設備）
	内外装板金	
冷凍空気調和機器施工	冷凍空気調和機器施工	建設（ライフライン・設備）
建具製作	木製建具手加工	建設（建築）
建築大工	大工工事	建設（建築）
型枠施工	型枠工事	建設（土木）
鉄筋施工	鉄筋組立て	建設（建築）
とび	とび	建設（建築）
石材施工	石材加工	建設（建築）
	石張り	
タイル張り	タイル張り	建設（建築）
かわらぶき	かわらぶき	建設（建築）
左官	左官	建設（建築）
配管	建築配管	建設（ライフライン・設備）
	プラント配管	
熱絶縁施工	保温保冷工事	建設（ライフライン・設備）
内装仕上げ施工	プラスチック系床仕上げ工事	建設（建築）
	カーペット系床仕上げ工事	
	鋼製下地工事	
	ボード仕上げ工事	
	カーテン工事	
サッシ施工	ビル用サッシ施工	建設（建築）
防水施工	シーリング防水施工	建設（建築）
コンクリート圧送施工	コンクリート圧送工事	建設（土木）
ウェルポイント施工	ウェルポイント施工	建設（土木）
表装	壁装	建設（建築）
建設機械施工	押土・整地	建設（土木）
	積込み	
	掘削	
	締固め	
築炉	築炉	建設（建築）

4 食品製造関係(11職種18作業)

職種名	作業名	分野（業務区分）
缶詰巻締	缶詰巻締	飲食料品製造業全般（飲食料品（酒類を除く）の製造・加工・安全衛生）
食鳥処理加工業	食鳥処理加工	
加熱性水産加工食品製造業	節類製造	
	加熱乾製品製造	
	調味加工品製造	
	くん製品製造	
非加熱性水産加工食品製造業	塩蔵品製造	
	乾製品製造	
	発酵食品製造	
	調理加工品製造	
	生食用加工品製造	
水産練り製品製造	かまぼこ製品製造	
牛豚食肉処理加工業	牛豚部分肉製造	
ハム・ソーセージ・ベーコン製造	ハム・ソーセージ・ベーコン製造	
パン製造	パン製造	
そう菜製造業	そう菜加工	
農産物漬物製造業	農産物漬物製造	
医療・福祉施設給食製造	医療・福祉施設給食製造	外食業

5 繊維・衣服関係(13職種22作業)

職種名	作業名	分野（業務区分）
紡績運転	前紡工程	
	精紡工程	
	巻糸工程	
	合ねん糸工程	
織布運転	準備工程	
	製織工程	
	仕上工程	
染色	糸浸染	
	織物・ニット浸染	
ニット製品製造	靴下製造	
	丸編みニット製造	
たて編ニット生地製造	たて編ニット生地製造	
婦人子供服製造	婦人子供既製服縫製	
紳士服製造	紳士既製服縫製	
下着類製造	下着類製造	
寝具製作	寝具製作	
カーペット製造	織じゅうたん製造	
	タフテッドカーペット製造	
	ニードルパンチカーペット製造	
帆布製品製造	帆布製品製造	
布はく縫製	ワイシャツ製造	
座席シート縫製	自動車シート縫製	

6 機械・金属関係（15職種29作業）

職種名	作業名	分野（業務区分）
鋳造	鋳鉄鋳物鋳造	素形材・産業機械・電気電子情報関連製造業（機械金属加工）
	非鉄金属鋳物鋳造	
鍛造	ハンマ型鍛造	
	プレス型鍛造	
ダイカスト	ホットチャンバダイカスト	
	コールドチャンバダイカスト	
機械加工	普通旋盤	素形材・産業機械・電気電子情報関連製造業（機械金属加工）　造船・舶用工業（機械加工）
	フライス盤	
	数値制御旋盤	
	マシニングセンタ	
金属プレス加工	金属プレス	素形材・産業機械・電気電子情報関連製造業（機械金属加工）
鉄工	構造物鉄工	素形材・産業機械・電気電子情報関連製造業（機械金属加工）　建設（土木）　造船・舶用工業（鉄工）
工場板金	機械板金	素形材・産業機械・電気電子情報関連製造業（機械金属加工）
めっき	電気めっき	素形材・産業機械・電気電子情報関連製造業（金属表面処理）
	溶融亜鉛めっき	
アルミニウム陽極酸化処理	陽極酸化処理	
仕上げ	治工具仕上げ	素形材・産業機械・電気電子情報関連製造業　造船・舶用工業（仕上げ）
	金型仕上げ	
	機械組立仕上げ	
機械検査	機械検査	素形材・産業機械・電気電子情報関連製造業（機械金属加工）
機械保全	機械系保全	素形材・産業機械・電気電子情報関連製造業（機械金属加工）
電子機器組立て	電子機器組立て	素形材・産業機械・電気電子情報関連製造業（電気電子機器組立て）
電気機器組立て	回転電機組立て	素形材・産業機械・電気電子情報関連製造業（電気電子機器組立て）　造船・舶用工業（電気機器組立て）
	変圧器組立て	
	配電盤・制御盤組立て	
	開閉制御器具組立て	
	回転電機巻線製作	
プリント配線板製造	プリント配線板設計	素形材・産業機械・電気電子情報関連製造業（電気電子機器組立て）
	プリント配線板製造	

7 その他（20職種37作業）

職種名	作業名	分野（業務区分）		
家具製作	家具手加工			
印刷	オフセット印刷			
	グラビア印刷			
製本	製本			
プラスチック成形	圧縮成形	素形材・産業機械・電気電子情報関連製造業（機械金属加工）		素形材・産業機械・電気電子情報関連製造業（電気電子機器組立て）
	射出成形			
	インフレーション成形			
	ブロー成形			
強化プラスチック成形	手積み積層成形			
塗装	建築塗装	素形材・産業機械・電気電子情報関連製造業（機械金属加工）	建設（土木）	建設（建築）
	金属塗装	素形材・産業機械・電気電子情報関連製造業（機械金属加工）		造船・舶用工業（塗装）
	鋼橋塗装	素形材・産業機械・電気電子情報関連製造業（機械金属加工）	建設（土木）	建設（建築）
	噴霧塗装	素形材・産業機械・電気電子情報関連製造業（機械金属加工）		造船・舶用工業（塗装）
溶接	手溶接	素形材・産業機械・電気電子情報関連製造業（機械金属加工）	建設（土木）	建設（ライフライン・設備）／建設（建築）／造船・舶用工業（溶接）
	半自動溶接	素形材・産業機械・電気電子情報関連製造業（電気電子機器組立て）		
工業包装	工業包装			
紙器・段ボール箱製造	印刷箱打抜き			
	印刷箱製箱			
	貼箱製造			
	段ボール箱製造			
陶磁器工業製品製造	機械ろくろ成形			
	圧力鋳込み成形			
	パッド印刷			
自動車整備	自動車整備	自動車整備		
ビルクリーニング	ビルクリーニング	ビルクリーニング		
介護	介護	介護		
リネンサプライ	リネンサプライ仕上げ			
コンクリート製品製造	コンクリート製品製造			
宿泊	接客・衛生管理	宿泊		
RPF製造	RPF製造			
鉄道施設保守整備	軌道保守整備			
ゴム製品製造	成形加工			
	押出し加工			
	混練り圧延加工			
	複合積層加工			
鉄道車両整備	走行装置検修・解ぎ装			
	空気装置検修・解ぎ装			

〇 社内検定型の職種・作業（1職種3作業）

職種名	作業名	分野（業務区分）
空港グランドハンドリング	航空機地上支援	空港グランドハンドリング
	航空貨物取扱	
	客室清掃	

出典：出入国在留管理庁「特定技能ガイドブック」より、一部改変

17. 受入れにあたって確認しなければ
ならない法律

Q116

受入れにあたって確認しなければならない法律などを教
えてください。

A 考えられるだけでも入管法、入管法施行規則、特定技能基準省
令、特定技能運用要領、労働関係諸法令（労基法、安衛法、雇用保
険法、労災保険法、職業安定法、労働者派遣法など）に加え、租税
法令に関する幅広い理解と確認が必要と考えられます。

18. 特定技能外国人の受入れにあたり会社に
必要とされる要件

Q117

特定技能外国人の受入れにあたり、会社に必要とされる
要件を教えてください。

A 受入機関となる会社が満たすべき基準は以下の通りです。

① 外国人と結ぶ雇用契約が適切であること

② 受入機関自体が適切であること

③ 外国人を支援する体制があること

④ 外国人を支援する計画が適切であること

　②の細目として、特定技能基準省令における特定技能雇用契約の
相手方となる本邦の公私の機関の基準の内容を簡潔にまとめると以
下の通りです。

（ア）　労働、社会保険および租税に関する法令を遵守していること

（イ）　雇用契約の締結の日1年以内またはその締結の日以後に特定技能外国人と同種の業務に従事する労働者を非自発的に離職させていないこと（☞**Q127**）

（ウ）　雇用契約の締結の日1年以内またはその締結の日以後に受入機関の責めに帰すべき事由により行方不明者を発生させていないこと

（エ）　欠格事由（禁錮以上の刑に処せられ、その執行が終わり、または執行を受けることがなくなった日から起算して5年を経過しない者等）に該当しないこと

（オ）　特定技能外国人の活動状況に関する文書を作成し、雇用契約終了日から1年以上備えて置くこと

（カ）　外国人等が保証金の徴収等をされていることを受入機関が認識して雇用契約を締結していないこと

（キ）　受入機関が違約金を定める契約等を締結していないこと

（ク）　支援に要する費用を、直接または間接に外国人に負担させないこと

（ケ）　労働者派遣の場合は、派遣元が当該分野にかかる業務を行っている者などで、適当と認められる者であるほか、派遣先が（ア）〜（エ）の基準に適合すること

（コ）　労災保険関係の成立の届出等の措置を講じていること

（サ）　雇用契約を継続して履行する体制が適切に整備されていること

（シ）　報酬を預貯金口座への振込等により支払うことなど

（ス）　分野に特有の基準に適合すること（分野別所管省庁の定める告示で規定）

　また支援義務や届出義務など義務についても注意すべき点があり

ます。

19. 支援計画に盛り込む必要のある項目

Q118
支援計画にどのような項目を盛り込めばよいですか。

A 支援計画が満たすべき基準として、**Q119**であげる事項を記載する必要があります。また、支援計画は日本語および外国人が十分に理解できる言語により作成し、外国人にその写しを交付しなければなりません。支援の一部を他社に委託する場合は、委託の範囲が明示されていなければなりません。その他、分野に特有の基準に適合することも必要です。

20. 義務的支援と任意的支援

Q119
義務的支援と任意的支援とは何ですか。

A 受入機関に義務が課せられる支援を「義務的支援」、その他の支援を「任意的支援」と呼びます。義務的支援にあげられるものは以下の通りです。

① 事前ガイダンス

② 出入国する際の送迎

③ 住居確保・生活に必要な契約支援

④ 生活オリエンテーション

⑤ 公的手続等への同行

⑥ 日本語学習の機会の提供

⑦ 相談・苦情への対応

⑧ 日本人との交流促進

⑨ 転職支援（人員整理等の場合）

⑩ 定期的な面談・行政機関への通報

　これらの支援は、登録支援機関が委託を受けて代行できます。登録支援機関は令和4年10月11日時点で7,568件です。令和4年3月末時点の特定技能の在留者数は64,730人なので仮にすべての受入機関の支援業務を委託した場合、1登録支援機関当たり約8.6人を担当していることになります。

　各登録支援機関は、「義務的支援」の他に独自のサービスに力を入れて差別化を図ろうとする動きがあります。例えば、日本語学習アプリの開発などをしている登録支援機関もあります。

21. 登録支援機関に支援義務の一部のみ委託する可否

Q120

登録支援機関に支援義務の一部のみ委託できますか。

A **Q119**にある義務的支援については、全部または一部のみを委託することが可能です。全部委託の場合、受入機関は支援計画に関

して満たすべき支援体制を満たしたものとみなされます。

22. 特定技能外国人の受入れ後に受入機関が行わなければならない届出

Q121

受入機関が行わなければならない届出にはどのようなものがありますか。

A 受入機関が提出すべき届出については、2つの「定期届出」と5つの「臨時届出」に分けることができます。「定期届出」は四半期ごとに翌四半期の初日から14日以内に提出し、「臨時届出」は特定の事由発生日から14日以内に提出とされています。届出の不履行や虚偽の届出については罰則の対象となるので注意が必要です。

(1) 定期届出

第1四半期：1月1日～3月31日まで
第2四半期：4月1日～6月30日まで
第3四半期：7月1日～9月30日まで
第4四半期：10月1日～12月31日まで

① 受入れ・活動状況に係る届出
② 支援実施状況に係る届出

登録支援機関に支援計画の実施の全部を委託する契約を締結している場合は登録支援機関の責任において届出をします。

(2) 臨時届出

事由発生から14日以内に提出します。

① 特定技能雇用契約に係る届出書

　雇用契約の内容を変更した/雇用契約を終了した/新たな雇用契約を締結したときの届出です。

② 支援計画変更に係る届出書

　支援計画の内容を変更した/支援責任者・担当者を変更した/委託する登録支援機関を変更した/自社支援に切り替えたときの届出です。

③ 支援委託契約に係る届出書

　支援委託契約の内容を変更した/支援委託契約を終了した/支援委託契約を締結したときの届出です。

④ 受入れ困難に係る届出書

　特定技能外国人の受入れを継続することが困難となったときの届出です。

⑤ 出入国又は労働に関する法令に関し不正又は著しく不当な行為（不当行為）に係る届出書

　出入国または労働に関する法令に関し不正または不当な行為があったことを知ったときの届出です。

23. 特定技能外国人に業務区分に定められた以外の仕事を依頼する可否

Q122

　　特定技能外国人に業務区分（仕事の内容）に定められた以外の仕事を頼むことはできますか。

[A]　特定技能外国人と同等の業務に従事する日本人が通常従事することとなる業務については、本来業務と関連性があると考えられることから、附随的業務に従事することは差し支えないとしていま

す。ただし、無制限というわけではなく、附随的な業務に従事する活動割合の許容範囲は個々に異なるので注意が必要です。

---

24. 特定技能外国人に残業をさせる可否

Q123

特定技能外国人に残業をさせることはできますか。

[A] 　残業させることは可能です。ただし、いわゆる36協定の締結や労働基準監督署への届出といった、残業（時間外労働）をさせる場合の手続きを受入機関が適法に行っていることが前提となります。

　また農業、漁業については労基法のうち、労働時間、休日、休憩時間について適用除外とされており、特定技能外国人もこれに従って適用除外とされています。

---

25. 特定技能外国人の昇給・減給

Q124

昇給あるいは減給などは可能でしょうか。

[A] 　まず特定技能外国人の報酬額については、日本人が同等の業務に従事する場合の報酬額と同等以上であることが求められているので、減給によりそれ以下にならないように注意が必要です。また昇給、減給などの措置を行った場合は事由発生日から14日以内に「特定技能雇用契約に係る届出書」が必要になります。

26. 特定技能外国人が業務時間外に　アルバイトをする可否

Q125

特定技能外国人が業務時間外にアルバイトをすることはできますか。

A　特定技能Q&Aによれば、特定技能外国人がアルバイトをすることはできません。

27. 特定技能外国人の職務変更の可否

Q126

在留中の職務変更は可能ですか。

A　特定技能外国人には特定産業分野や業務区分が定められており、特定産業分野の範囲内の業務および当該業務に従事する日本人が通常従事することとなる関連業務にのみ従事できます。これにより職務内容の変更は安易に行うことができません。特定産業分野の範囲内で業務区分に変更が生じた場合は、「特定技能雇用契約に係る届出」をするとともに、変更後の業務区分に対応する技能試験の合格証明書等の資料を提出します。また、特定産業分野の変更を伴う業務区分の変更には、在留資格変更許可申請を行わなければなりません。

28. 非自発的離職者

Q127

非自発的離職者とは具体的にどのような人を指します
か。

A 非自発的離職者とは、外国人が従事することとされている業務
と同種の業務に従事していた労働者のなかで非自発的に離職した人
を指し、日本人・外国人を問いません。非自発的といえるかの判断
基準は **(1)・(2)** の通りです。

(1) 非自発的な離職に当てはまる事由

非自発的な離職とは、具体的に次に該当する場合をいいます。

① 人員整理を行うための希望退職の募集または退職勧奨を行った
場合（天候不順や自然災害の発生、または、新型コロナウイルス
等の感染症の影響により経営上の努力を尽くしても雇用を維持す
ることが困難な場合は除きます）

② 労働条件にかかる重大な問題（賃金低下、賃金遅配、過度な時
間外労働、採用条件との相違等）があったと労働者が判断した場
合

③ 就業環境にかかる重大な問題（故意の排斥、嫌がらせ等）が
あった場合

④ 特定技能外国人の責めに帰すべき理由によらない有期労働契約
の終了

(2) 非自発的離職者に当てはまらない事由

以下の人は非自発的離職者に該当しません。

① 定年その他これに準じる理由により退職した者
② 自己の責めに帰すべき重大な理由により解雇された者
③ 有期労働契約の期間満了時に当該有期労働契約を更新しないことにより当該有期労働契約を終了された者
④ 自発的に離職した者

29. 特定技能外国人を雇用できなくなった場合の対応

Q128
> 事業運営がうまくいかず、どうしても特定技能外国人を雇用できなくなった場合、どうするべきかについて教えてください。

A 経営上の都合により特定技能外国人を雇用できなくなり、解雇予告をした場合には、14日以内に「受入れ困難に係る届出書」を提出します。

このとき、特定技能外国人が「特定技能」の活動を継続したいとの希望を持っているかを確認することが必要になります。活動継続の希望を持っている場合には、ハローワークや民間の職業紹介事業者を紹介するといった転職の支援など、必要な措置を講じなければなりません。

なお、特定技能外国人が雇用契約満了前に途中で帰国することになる場合には、特定技能外国人に対し、意に反して「特定技能」の活動を中止して帰国する必要がないことの説明や帰国の意思確認を書面により十分に行いましょう。

30. 特定技能外国人の早期離職時における 定期届出の必要性

Q129

特定技能外国人の受入れ後、ホームシックを理由にわずか1週間で退職してしまいました。その後は特定技能外国人を受け入れていませんが、定期届出の提出は必要ですか。

A 1日でも在籍していたのであれば定期届の提出は必要です。受け入れていた期間の属する四半期について届出期限までに提出しなければなりません。

31. 届出書の記載を誤って提出した場合の 対応

Q130

届出書の記載を誤って提出してしまいました。差し替えで提出してよいでしょうか。

A 原則、届出書を補正する対応となり、提出した出入国在留管理局に問合せの上、補正手続を進める必要があります。

32. 届出義務を履行しなかった場合の処罰

Q131

届出義務を履行しなかった場合、どのような問題があり
ますか。

A 届出の不履行はもとより、虚偽の届出をした場合も、罰則また
は過料の対象とされています。また、届出の不履行もしくは虚偽の
届出をした場合は欠格事由に該当し、特定技能外国人の受入停止処
分となり得ます。

Ⅲ　技能実習

1.　技能実習生の受入方法

Q132

技能実習生を受け入れたいのですが、どのような方法がありますか。

A　技能実習生の受入方法には、以下の2つの方法があります。

（1）　企業単独型

日本企業が、海外の現地法人等の社員を受け入れて、実習を実施する方法。

（2）　団体監理型

事業協同組合や商工会等営利を目的としない団体が、会員企業のために受け入れ、会員企業において実習を実施する方法。

令和4年6月末時点では企業単独型の受入れが1.5%、団体監理型の受入れが98.5%となっています（厚生労働省「外国人技能実習制度について（令和4年10月14日一部改正　技能実習法・主務省令等の周知資料）」）

2. 技能実習生を受け入れられる職種

Q133
技能実習生を受け入れる移行対象職種にはどのような
ものがありますか。

A 技能実習制度の移行対象職種・作業としては、令和4年4月25
日時点で、86職種158作業が定められています。

移行対象職種とは、その職種に従事している技能実習生が第1号
技能実習（1年以内の在留）から第2・3号技能実習（1年以上、最
大5年の在留）に移行することを認められている業務をいいます。
1年間のみなら、どの「職種」でも受入れが可能ですが、その作業
内容が「単純労働ではない」ことを説明する必要があります。移行
対象職種は、「職種」という分類と、使用する機器や現場、製品の
違いなどによって「職種」を細かく区別した「作業」という分類か
らなります。職種別では、①建設関係（20.8％）、②食品製造関係
（19.5％）、③機械・金属関係（14.9％）での受入れが多くなってい
ます（「令和3年度『外国人技能実習機構統計』」）。

3. 技能実習生の日本語レベル

Q134
技能実習生とのコミュニケーションが不安です。日本語
レベルはどの程度でしょうか。

A 技能実習生は原則として入国後の2か月間、日本語教育や日本

で仕事をする上で必要な知識等についての講習を受けます。

　したがって、簡単なあいさつや従事する業務に必要な基本的な言葉の習得はおおむねできていますが、それ以降の学習については実習実施企業でOJTなどの方法により行っていくことになります。

　技能実習1年目から2年目の在留資格の変更には、日本語での実技試験および学科試験を受験して合格することが必須です。受入企業では、必要に応じて監理団体等と協力しながら、最低限合格に必要な日本語能力が身につくよう指導する必要があります。

---

4. 技能実習生の継続雇用の可否

Q135

技能実習生をずっと雇用したいのですが、可能ですか。

A　技能実習制度は、日本で学んだ技能や技術を母国へ移転すること、つまり「帰国すること」を前提とした制度です。そのため、技能実習終了後にそのまま在留資格の変更を申請しても許可されることはまずありません（技能実習2号を良好に修了し、特定技能1号における分野（業務区分）との関連性が認められる場合での、技能実習2号から特定技能への在留資格変更許可申請を除きます）。

　技能実習生が一度母国へ帰国した後に、就労ビザの要件を満たせば再度雇い入れることは可能です。しかし、「技能実習」を終えて帰国したばかりの外国人を「技術・人文知識・国際業務」の在留資格で雇用する場合等は注意が必要です。なぜなら帰国後間がない場合、技能や技術を母国へ移転するという「技能実習」の目的を達成したと認められず、「技術・人文知識・国際業務」の申請が不許可となる可能性があるからです。

5. 海外からの技能実習生が申込みから配属までに要する期間

Q136

海外からの技能実習生に関して、申込みから企業に配属されるまでどのくらいの時間がかかりますか。

A 技能実習生の入国までの流れは以下の通りです。

(1) 外国人技能実習機構へ技能実習計画認定申請

申請書類の受理から認定までは、おおむね2か月程度が努力目標とされています。技能実習制度運用要領では、書類の不備等を考慮して実習開始予定日の4か月前までに申請を行うようにと記載されています。

(2) 管轄の出入国在留管理局へ在留資格認定証明書交付申請

出入国在留管理庁がホームページに公表している「在留審査処理期間（令和4年度）第1四半期（令和4年4月1日〜令和4年6月30日）」によれば、「技能実習1号ロ（団体監理型）」の在留資格認定証明書の処分（交付）までの日数は19.5日とされています。

(3) 在外日本大使館／領事館へ査証（VISA）申請

各大使館により日数が異なりますが、おおむね申請から5営業日とされています。

(4) 配属までに要する期間の合計

団体監理型の場合、その監理団体（事業協同組合や商工会等）に

よっても異なりますが、必要な書類の準備、申請中の追加書類の対応等も含めると、配属までおおむね半年から1年程度となっています。

6.「事業協同組合」や「商工会」等が監理団体となっている理由

Q137

「事業協同組合」や「商工会」等が監理団体となっているのはなぜですか。

A 監理団体の主な許可基準に「営利を目的としない法人であること」（技能実習法25①一）があります。具体的には、「商工会議所・商工会、中小企業団体、職業訓練法人、農業協同組合、漁業協同組合、公益社団法人、公益財団法人等」がこれに当たります。

令和4年6月末時点の「技能実習」にかかる受入形態別総在留者数は企業単独型が4,890人で1.5%、団体監理型が322,799人で98.5%となっています。一般的に、自社で海外に現地法人等を持たない比較的小規模な企業においては、商工会や事業協同組合の傘下企業として「団体監理型」の受入方法を選択する形がほとんどとなっています。

7. 監理団体が行う業務

Q138

監理団体は、どのようなことをするのですか。

A 受入準備から入国、帰国まで任意のものも含め、以下の業務を行います。

（1） 受入準備から入国まで

① 送出機関への人材の募集依頼など
② 技能実習計画の作成指導
③ 在留資格認定証明書交付申請等の入国手続き

（2） 入国後から帰国まで

① 入国後の講習、入国後の訪問指導・定期監査・臨時監査
② 在留資格の変更に必要な実技試験・学科試験等のサポート
③ 入国2年目以降の在留資格の変更手続き
④ 帰国旅費の負担
⑤ 技能実習生からの母国語での相談対応（相談体制の整備）

---

8. 技能実習生が失踪した場合の対応

Q139

技能実習生が失踪したらどうすればよいでしょうか。

A まずは速やかに監理団体に報告します。その後監理団体と相談しながら、外国人技能実習機構への届出や警察等への相談、退職の手続き等を進めていくことになります。なお、企業単独型の場合は監理団体への報告、相談はありません。

　平成31年・令和元年の失踪者数は8,796人で，平成28年の失踪者数5,058人と比較すると，約1.7倍に増加しています（令和2年12月第7次出入国管理政策懇談会「報告書『今後の出入国在留管理行政の在り方』」）。

　また、失踪技能実習生5,218人にかかる実習実施機関4,280機関に

つき調査を実施したところ759人（662機関）、延べ数では937人分の不正行為等の疑いを認めた、または、不正行為措置済みであったという報告結果もあります（平成30年11月に法務省に設置された「技能実習制度の運用に関するプロジェクトチーム」が総務省に提出した「調査・検討結果報告書」）。同資料よりまとめると、不正行為等の内訳は**図表3－2**の通りです。

●図表3－2　延べ数937人の不正行為等の内訳

不正行為	人数	措置済み人数
最低賃金違反	58人	1人
契約賃金違反	69人	5人
賃金からの過大控除	92人	
割増賃金不払い	195人	19人
残業時間等不適正	231人	8人
その他の人権侵害　※1	36人	6人
書類不備	222人	
その他の不正行為等　※2	34人	5人

　※1　不当な外出制限、暴行等
　※2　技能実習計画と実習内容の齟齬等
出典：法務省「調査・検討結果報告書」より、作成

9. 技能実習生を迎える会社が準備すべきこと

Q140

技能実習生を迎えるにあたって、会社として準備しなければならないことは何ですか。

A　団体監理型の場合、入国後の講習修了後に技能実習生と雇用契

約を結びます（企業単独型の場合は入国時からです）。

　したがって、日本人と同様、法令を遵守した労務管理が求められます。初めて外国人を受け入れる場合には、職場環境が外国人の働く環境として適切かどうかを必ず確認しましょう。

　日本人には当たり前の内容でも、外国人にはわからないこともたくさんあります。就業規則や業務マニュアル等を外国人にも理解できるものにするなどの準備はもちろん、受け入れる職場の従業員に対する教育や周知も実施し、必要なサポート等への理解を得ることが不可欠です。

10.　技能実習生の受入れ時に必要なこと

Q141

技能実習生の入国後、受入れ時にはどのようなことが必要ですか。

A　日本人同様、入社の手続きが必要です。

　入国後の講習を修了した技能実習生は、日本人労働者と同じように労基法やその他関連法令が適用されます。まずは母国語など技能実習生が理解できる方法で労働条件通知書を交付します。

　なお、団体監理型の場合、講習期間中は雇用契約に基づいていないため、技能実習生に業務を行わせることは一切できません。一方、企業単独型の場合は、講習期間中を雇用契約に基づくものにするのかどうかはその契約によります。雇用契約に基づく場合は、**(1)** 労働保険や **(2)** 社会保険にも加入させなければなりません。

　日本の労働保険や社会保険の制度は、実習生にとって負担が大きく、わかりにくいものです。言葉や母国との制度の違いを理解した

上で、十分な説明ができるように準備をしておく必要があります。

　また、ハローワークへの **(3)** 外国人雇用状況の届出や、市区町村への **(4)** 住民登録・住居地に関する届出も必要です。以下に必要な届出・手続きの詳細をまとめました。

(1)　労働保険の手続き

① 労災保険

　技能実習生を含め労働者を1人でも雇用したときは加入が必要。

② 雇用保険

　1週間の所定労働時間が20時間以上、31日以上雇用されることが見込まれる場合は加入が必要。

(2)　社会保険の手続き

　法人の事業所、従業員が常時5人以上いる個人の事業所（飲食業、理美容業などは除きます）で常時使用される人または、1週間の所定労働時間および1か月の所定労働日数が同じ事業所で同様の業務に従事している従業員の4分の3以上である場合で一定の条件に該当する人は、加入が必要です。

(3)　外国人雇用状況の届出

　外国人を雇用する事業主は、外国人の雇入れおよび離職の際に、その氏名、在留資格などについて、事業所を管轄するハローワークに届け出ることが義務づけられています。

①雇用保険被保険者となる外国人

様式：雇用保険被保険者資格取得届

期限：入社日の属する月の翌月10日まで

②雇用保険被保険者とならない外国人

様式：外国人雇用状況届出書

期限：入社日の属する月の翌月末日まで

(4)　住民登録・住居地に関する届出

　3か月を超えて日本に滞在する技能実習生は、住居地を定めた日から14日以内に、住居地の市区町村窓口で法務大臣に対する住居地の届出をすることが必要です。団体管理型の受入れの場合、監理団体での講習終了後、受入企業の近くに引っ越しをするケースが多いため、この手続きを忘れずに行いましょう。また住基法上の転入届をしたときは、法務大臣への届出があったものとみなすとの規定が設けられています。

　住民登録を行うことで、住民票の取得が可能となり、社会保険の手続きの際に必要となる個人番号の通知カードが届くようになります。

11.　技能実習生の受入れ後に必要なこと

Q142

技能実習生の受入れ後、どのようなことが必要ですか。

A　日本人同様、報酬の支払いや教育・研修等が必要です。

(1)　報酬の支払い

　外国人技能実習生にも、労基法や最低賃金法（以下、「最賃法」といいます）は適用されます。したがって、最低賃金以上の賃金を、通貨で、直接本人に、その全額を、毎月1回以上、一定期日に支払わなければなりません。

① 賃金から控除できるもの

（ア） 税金、社会保険料など法令で定められているもの

（イ） 寮費や食費など労使協定で定めたもの

② 控除における注意点

　技能実習制度運用要領によると、注意すべき点は以下の通りです。

（ア） 食費、居住費等を報酬から控除する場合についても、労働関係法令にのっとった労使協定の締結が必要であり、実費を勘案して不当な額が報酬から控除されることにより技能実習生の生活に支障が生じることはあってはならない

（イ） 実習実施者または監理団体が負担すべき費用を監理費の名目で技能実習生の報酬から控除することはできない

　賃金等の不払いは不正行為の対象とされます。出入国在留管理局から「不正行為」を行ったと認定された監理団体や実習実施機関は、技能実習生の受入れが一定期間停止されます。

（2）　教育・研修等

　また、外国人技能実習生を受け入れた後は、法令に定められた安全衛生教育はもちろん、技能向上のための指導、継続的な日本語教育や生活指導など、様々な育成指導が必要になります。具体的には、定期的に社内で研修の機会を設けたり、日本語能力試験の受験を希望する場合には、その費用を一部援助することなどが考えられます。

　そして、日本で初めて働く外国人技能実習生にとっては、家族と離れ、企業の所在地によっては母国語での交流の機会も限られるなど、通常以上のストレスがかかることになります。受入企業は、外国人技能実習生がそのような環境に置かれていることを十分に理解

し、困っていることがないかを確認したり、母国語での相談窓口を案内するなど、心のケアを考える必要があります。

---

12. 監理団体の許可申請

Q143

監理団体の許可申請はどこで行えばよいですか。

[A]　監理団体の許可申請は、添付書類を添えて外国人技能実習機構（OTIT）の本部審査課に申請します。郵送でも受け付けています。機構による調査を経て、主務大臣が許可します。

---

13. 監理団体の許可までに要する期間

Q144

監理団体の許可までにどのくらい時間がかかりますか。

[A]　外国人技能実習機構のホームページによると、「申請書の受理日から3～4か月を要する」とのことです。申請書類や添付書類に不備があると、それ以上の期間になることもあるようです。

14. 介護職種の監理団体と他の職種の監理団体の法人形態の違い

Q145

介護職種の監理団体と他の職種の監理団体の法人形態の違いについて教えてください。

A 介護職種とその他の職種で監理団体になれる法人の形態は**図表3−3**の通りです。

●**図表3−3 介護職種とその他の職種で監理団体になれる法人の形態**

介護職種	その他の職種
・商工会議所	・商工会議所
・商工会	・商工会
・中小企業団体	・中小企業団体
・職業訓練法人	・職業訓練法人
・公益財団法人	・農業協同組合
・公益社団法人	・漁業協同組合
・法人の目的に「介護、医療又は社会福祉の発展に寄与すること」が含まれる全国的な団体（その支部を含む）であって、介護または医療に従事する事業者により構成されるもの	・公益社団法人
	・公益財団法人
	・上記以外の法人で、監理事業を行うことについて特別の理由があり、かつ、重要事項の決定および業務の監査を行う適切な機関を置いているもの
・社会福祉法128条1号イに規定する社会福祉連携推進法人	

出典：外国人技能実習機構ホームページより、作成

15. 行政書士が監理団体の外部役員や外部監査人になる可否

Q146
　行政書士は監理団体の外部役員や外部監査人になれますか。

A　要件を満たし、欠格事由に該当しなければ「外部監査人」になることができます。「指定外部役員（監理団体の中の外部役員から指定を受けた者）」は、申請者の役員でなければなれません。外部役員および外部監査人の要件、欠格事由は下記の通りです。

（1）　外部役員および外部監査人の要件

　過去3年以内にそれぞれ指定された講習を修了した者。

（2）　外部役員および外部監査人の欠格事由

①　実習監理を行う対象の実習実施者の現役または過去5年以内の役職員
②　過去5年以内に実習監理を行った実習実施者の現役または5年以内の役職員
③　上記①・②の者の配偶者または二親等以内の親族
④　申請者（監理団体）の現役または5年以内の役職員
⑤　申請者（監理団体）の構成員またはその現役または過去5年以内の役職員
⑥　傘下以外の実習実施者または役職員
⑦　他の監理団体の役職員
⑧　申請者（監理団体）に取次ぎを行う外国の送出機関の現役または過去5年以内の役職員

⑨ 過去に技能実習に関して不正を行った者など、外部役員（外部監査人）による確認の公正が害されるおそれがあると認められる者

　外部監査人にあっては、上記に加え、法人であって監理団体の許可の欠格事由に該当する者、個人であって監理団体の許可にかかる役員関係の欠格事由に該当する者も含まれます。

16. 監理責任者と技能実習計画作成指導者の兼任の可否

Q147
　監理責任者と技能実習計画作成指導者は兼任できますか。

A　両方の業務を適正に行えるのであれば、兼任できます。

17. 監理団体の常勤の職員

Q148
　監理団体の常勤の職員とはどのような人ですか。

A　監理団体に継続的に雇用されている職員で、雇用保険の被保険者、かつ、週の所定労働時間が30時間以上であること、または所定労働日数が週5日以上、かつ、年間217日以上、かつ、週の所定労働時間30時間以上のいずれかに該当することが要件です。

18. 監理事業を行うにあたっての職業紹介の許可の必要性

Q149

監理事業を行うには職業紹介の許可が必要ですか。

A 許可を受けた監理団体は、職業安定法上の許可等がなくとも、技能実習生に限って職業紹介事業を行うことができます。ただし、船員職業安定法上の許可は別途取得する必要があります。

監理団体が行う技能実習の職業紹介については、監理団体及び団体監理型実習実施者等が労働条件の等の明示、団体監理型実習実施者等及び団体監理型技能実習生等の個人情報の取扱い等に関して適切に対処するための指針（平成29年法務省・厚生労働省告示2号）に具体的な注意点等が定められているので、そちらを確認してください。

19. 監理団体の財産的基礎に関する基準

Q150

監理団体の財産的基礎について基準はありますか。

A 具体的な金額等の基準はありませんが、監理団体は、一定程度の財務的基盤を有することが必要とされています。これについては、監理団体の事業年度末における欠損金の有無、債務超過の有無等から総合的に判断されます。

20.　監理団体の財務内容の健全性

Q151

財務諸表が債務超過となっている場合は監理団体になれないと聞きましたが、どうすればよいですか。

A　外国人技能実習機構ホームページQ&Aによれば、直近の財務諸表（貸借対照表）で債務超過となっている場合には、以下のような措置により、今期の決算における債務超過の解消が確実視されることが必要とされています。

① 　増資が実施済みである

② 　債権者による債権放棄がなされている

③ 　組合費・賦課金による収益、共同事業による収益等により債務超過を解消すること等について、当該団体の総会等決定機関で決定しており、債務超過の解消が確約されている

　なお、直近の財務諸表（貸借対照表）で債務超過となっている場合は、債務超過が解消していることを月次試算表等で確認できる必要があります。

21.　技能実習計画の認定申請

Q152

技能実習計画はどこに申請すればよいですか。

A　実習実施者は、技能実習生ごと、かつ、技能実習の段階ごとに

あらかじめ技能実習計画を作成し、その目標や内容等が適切なものであるかについて主務大臣の認定を受けなければなりません。

　この認定申請は、申請者の住所地（申請者が法人の場合は本店所在地）を管轄する外国人技能実習機構の地方事務所・支所で受け付けています。

　認定までの期間については、「申請書類の受理から概ね2か月程度」（外国人技能実習機構ホームページQ&A）とのことですが、書類の不備等により追加で発生する期間も考慮して、技能実習制度運用要領に記載の通り4か月前を目安にしましょう。

22. 本店住所地以外で技能実習生を受け入れる場合の申請先

Q153

本店住所地以外の工場で技能実習生を受け入れる場合、申請先はどこですか。

A 外国人技能実習機構ホームページQ&Aによれば、技能実習を行わせようとする申請者が法人の場合は、実習実施場所にかかわらず、その本店の所在地を管轄する外国人技能実習機構の地方事務所・支所に申請することになります。

23. 「技能実習生に関する業務の執行に直接的に関与しない役員」の判断

Q154

「技能実習生に関する業務の執行に直接的に関与しない役員」についてはどう判断したらよいですか。

A 個別具体的判断になるため、外国人技能実習機構と相談しながら判断します。なお、「技能実習生に関する業務の執行に直接的に関与しない役員」は、技能実習計画の認定申請の際にその旨の誓約書を提出します。これに違反した場合や、関与していたことが判明した場合には、技能実習計画の認定の取消し等になるので取扱いには注意が必要です。

24. 雇用保険の被保険者を常勤の職員としてカウントする可否

Q155

雇用保険の被保険者であれば、常勤の職員としてカウントされますか。

A 雇用保険の週の所定労働時間にかかる適用要件は20時間以上であるところ、常勤の職員に該当するには「週の所定労働時間が30時間以上」という要件があるため、「雇用保険の被保険者である」ことのみをもって「常勤の職員」と判断することは不適切とされています。したがって、実際には「社会保険（健康保険・厚生年金保険）」の被保険者であるか否かにも注意が必要です。

25. 監理団体の外部役員等に就任した行政書士等による法的保護に関する講習実施の可否

Q156

行政書士等が監理団体の外部役員等に就任した場合は、法的保護に関する講習を行えますか。

A 技能実習生は、入国後講習として、日本での円滑な技能等の修得等に資する知識を一定期間座学により受講します。このうち、出入国または労働に関する法令の規定に違反していることを知ったときの対応方法その他技能実習生の法的保護に必要な情報についての講習を「法的保護に関する講習」といいます。

　講習を行うのは専門的な知識を有する者とされ、入管法令や技能実習法令に関する専門家として行政書士が担当するケースもあります。

　ただし、技能実習制度運用要領においては、「第1号団体監理型技能実習に係るものである場合にあっては、申請者又は監理団体に所属する者を除く」とされています。この点について、外国人技能実習機構ホームページQ&Aでは、「実習実施者又は監理団体に所属する行政書士等は外部講師になることはできません。実習実施者若しくは監理団体の顧問になっている行政書士等又は監理団体の外部役員（定款、寄付行為等により顧問等の役職に就任している場合をいいます。）等もこれら機関に所属している者として外部講師になることはできません。」と記載があるので、注意が必要です。

26. 業務委託により外部監査人となった行政書士等が法的保護に関する講習の外部講師になる可否

Q157

行政書士等が業務委託により外部監査人となった場合は、法的保護に関する講習の外部講師になれますか。

A 外国人技能実習機構ホームページQ&Aにおいては、下記のように記載されています。

「複数の機関と契約して行政書士等としての本来的な業務を行いつつ、監理団体から外部監査人として業務を受託している場合等、当該監理団体と密接な関係を有していないと評価されるときには、監理団体に所属する者に該当せず、外部講師になることが可能です。」

27. 複数の職種・作業で同時に技能実習を行わせる可否

Q158

複数の職種・作業で同時に技能実習を行わせることは可能ですか。

A 旧制度では、単一の職種および作業を行わせる技能実習しか認められていませんでしたが、新制度では、多能工の養成等を目的として関連する複数の職種および作業を組み合わせた技能実習を行わせることが認められました。

外国人技能実習機構ホームページQ&Aにおいては、下記のよう

に記載されています。

「複数職種及び作業として同時に行わせることができる職種及び作業の数は2が基本となり、通常3までが想定されています。

複数で行う職種及び作業は、それぞれが移行対象職種・作業であること、また、それぞれの職種及び作業に係る技能等が相互に関連しており、複数の職種及び作業に係る技能実習を行うことに合理的な理由があることが必要です。」

最低限、当該事業所において日本人の労働者が当該複数の職種および作業を行っていることが必要とされています。

28. 移行対象職種・作業の審査基準にない業務を行わせる可否

Q159

移行対象職種・作業の審査基準にない業務を行わせることは可能ですか。

A 技能実習生が行う業務とその時間については、以下のように定められています。

(1) 必須業務

技能実習生が修得等をしようとする技能等にかかる技能検定またはこれに相当する技能実習評価試験の試験範囲に基づき、技能等を修得等するために必ず行わせなければならない業務。業務に従事させる時間全体の2分の1以上であること。

(2) 関連業務

必須業務に従事する者により当該必須業務に関連して行われるこ

とのある業務であって、修得等をさせようとする技能等の向上に直接または間接に寄与する業務。業務に従事させる時間全体の2分の1以下であること。

(3)　周辺業務

　必須業務に従事する者が当該業務に関連して通常携わる業務（(2)に掲げるものを除きます）。業務に従事させる時間全体の3分の1以下であること。

　これらの業務について審査基準では細かく例示が記載されています。この審査基準に定められていない業務については、外国人技能実習機構のホームページQ&Aに以下のようにあります。

　「移行対象職種・作業の審査基準に定めている関連業務、周辺業務は例示であり、審査基準に定めのない業務を関連業務、周辺業務として実施することも認められる場合があります。その場合、関連業務であれば、
・同じ事業所の日本人労働者も従事しているなど、必須業務に従事する者により必須業務に関連して行われることのある業務であること、
・修得等をさせようとする技能等の向上に直接又は間接に寄与する業務であること。
周辺業務であれば
・同じ事務所の日本人労働者も従事しているなど、必須業務に従事する者が当該必須業務に関連して通常携わる業務（関連業務に該当するものを除く。）であること、
について立証していただく必要があります。判断に悩む場合には、事前に機構の地方事務所・支所の認定課にご相談ください。」

関連業務、周辺業務の立証は、理由書により詳細を説明することにより行います。

29.　天候不順により一定期間技能実習の実施が困難になった場合の対応

Q160

　天候不順により一定期間技能実習の実施が困難になった場合、どうすればよいですか。

A　以下で、厚生労働省ならびに外国人技能実習機構が提示した対応を紹介します。

(1)　技能実習計画について柔軟に対応することを周知

　「論点と対応の方向性（厚生労働省令和元年12月20日）」では、「天候不順等により果樹栽培（必須業務）が計画通りに実施できず、ワイン製造（関連業務）に従事する時間が結果的に多くなった場合には関連業務の割合が2分の1以上を超えること」が許容されるのかという事例をあげています。不可抗力である自然条件の影響による場合には、一定の条件の下、技能実習計画について柔軟に対応することがあることを、政府等の機関のホームページにおいて周知することを対応の方向性としています。

(2)　必須業務の実施が困難であった理由を記録して保存

　外国人技能実習機構ホームページQ&Aにおいては、まずは必須業務に従事するよう努めることを求めています。
　「（前略）天候不順等のやむを得ない事由により技能実習計画どおりの実施が困難となることが想定される場合においても、実習実施

者はできる限り技能実習生を必須業務に従事させることに努めることが必要です。」

その上で、同Q&Aでは、記録の保存等の必要性に触れています。
「こうした努力をしても必須業務従事割合が業務に従事させる時間の全体の1／2未満となった場合、実習実施者は必須業務従事割合の確認の際の参考資料として
① 大雨により屋外で行う必須業務ができなかった。
② 例年と比べて農作物の収穫量が大幅に減少したため、必須業務に必要な収穫量が確保できなかった。
など、どのような理由で必須業務を行わせることが困難であったか確認できる記録（技能実習日誌、収穫量等）を残しておくことが重要です。」

第4章

外国人雇用の労務
～外国人雇用に関する諸手続き～

I 総 論

1. 外国人を雇用するときの一般的な流れ

Q161

外国人を雇用するときの一般的な流れについて教えて
ください。

A 基本的な流れは日本人を雇用するときと変わりませんが、外国
人雇用の場合には在留資格の確認や申請、出入国在留管理局やハ
ローワークへの申請・届出等が必要です。

外国人を雇用するときの大まかな流れについてまとめると、**図表
4－1**になります。

●図表4－1 外国人雇用の一般的な流れ

(1) 採用計画	・採用したい外国人材の検討 ・必要な在留資格の確認
(2) 募 集	・募集経路を検討 ・求人票を掲出
(3) 採用選考	・在留資格の確認 ・書類選考 ・面接
(4) 雇用契約	・採用通知 ・労働条件通知書の交付 ・雇用契約の締結

(5)	在留資格関連手続	【海外在住の場合】 ・在留資格認定証明書の交付申請 【国内在住で就労可能な在留資格がある場合】 ・所属機関等に関する届出 【国内在住で就労可能な在留資格がない場合】 ・在留資格変更許可申請
(6)	社会保険の手続き	・健康保険・厚生年金保険　被保険者資格取得届 【被扶養者がいる場合】 ・健康保険・厚生年金保険　被扶養者（異動）届 【被扶養配偶者がいる場合】 ・国民年金　第3号被保険者関係届
(7)	雇用保険の手続き	【雇用保険の被保険者となる場合】 ・雇用保険　被保険者資格取得届 【雇用保険の被保険者とならない場合】 ・外国人雇用状況届出書
(8)	出入国在留管理局 への手続き	・中長期在留者の受入れに関する届出

2. 労働基準法などの法律の適用

Q162

外国人に対しても労働基準法などの法律は適用されるのでしょうか。

A　日本で働く場合には日本の労働関係諸法令が適用されます。労基法はもちろん、最賃法、安衛法、労働契約法、育児介護休業法など、労働に関する諸法令は原則としてすべて適用となります。外国人であっても、最低賃金未満で働かせたり、休日を与えずに働かせたりすることはできませんし、年次有給休暇を与えたり、健康診断を受けさせたり、育児休業や介護休業を与える必要があります。

また、労基法3条には「使用者は労働者の国籍、信条又は社会的身分を理由として、賃金、労働時間その他の労働条件について、差別的取扱いをしてはならない」と定められており、労働条件については日本人と平等に取り扱う必要があります。

---

3. 外国人を雇用するときの留意点

Q163

外国人を雇用するときに留意すべき事項を教えてください。

A 外国人を雇用する際の主な留意点として、**(1)** 在留資格、**(2)** 雇用慣行・文化、**(3)** 言語があります。

(1) 在留資格

　第一に、外国人が日本で就業するには、適切な在留資格が必要であることに留意しなければなりません。適切な資格がないのに雇用すると、不法就労助長罪に問われる可能性があります。

(2) 雇用慣行・文化

　日本と外国では、雇用慣行・文化などが異なることにも注意しましょう。日本人にとって当たり前のことが、外国人にとっても当たり前であるとは限りません。日本の常識に固執してしまうと、外国人雇用がうまくいかない可能性が高くなります。すべてを外国人に合わせる必要はありませんが、日本と外国では常識が異なることを認識しておきましょう。日本の雇用慣行に従ってもらう必要がある場合には、なるべく合理的に説明し、相手に理解してもらうことが

重要です。外国人の意見を取り入れながら働き方を見直すことができれば、外国人も日本人も働きやすい環境をつくる機会が得られるでしょう。

(3) 言　語

　雇用契約書や就業規則により労働条件や服務規律を提示したとしても、相手がその内容を理解できなければトラブルになってしまうことがあります。相手の日本語能力が高くない場合には、相手の母国語や共通語を用いるか、難しければ平易な日本語を用いるようにするなど、理解してもらえるような配慮が必要です。

Ⅱ　外国人の募集・採用

1.　募集・採用するときの留意点

Q164

外国人を募集・採用する場合に、留意することは
ありますか。

A　外国人労働者の募集、採用、採用後の雇用管理について、厚生
労働省は外国人労働者の雇用管理の改善等に関して事業主が適切に
対処するための指針（以下、「外国人雇用管理指針」といいます）
を定めています。基本的には、外国人雇用管理指針に沿って募集・
採用を進めていくことをお勧めします。指針には、募集および採用
に関して次のようなことが定められています。

（1）　募　　集

①　募集にあたって、従事すべき業務内容、労働契約期間、就業場
　所、労働時間や休日、賃金、労働・社会保険の適用等について、
　書面の交付により明示すること
②　特に、外国人が国外に居住している場合は、事業主による渡
　航・帰国費用の負担や住居の確保等、募集条件の詳細について、
　あらかじめ明確にするよう努めること
③　外国人労働者のあっせんを受ける場合、許可または届出のある
　職業紹介事業者より受けるものとし、職業安定法または労働者派

遣法に違反するものからはあっせんを受けないこと。なお、職業紹介事業者が違約金または保証金を労働者から徴収することは職業安定法違反であること

④　国外に居住する外国人労働者のあっせんを受ける場合、違約金または保証金の徴収等を行う者を取次機関として利用する職業紹介事業者等からあっせんを受けないこと

⑤　職業紹介事業者に対して求人の申込みを行うにあたり、国籍による条件を付すなど差別的取扱いをしないよう十分留意すること

⑥　労働契約の締結に際し、募集時に明示した労働条件の変更等をする場合、変更内容等について、書面の交付等により明示すること

(2)　採　　用

①　採用にあたって、あらかじめ、在留資格上、従事することが認められる者であることを確認することとし、従事することが認められない者については、採用してはならないこと

②　在留資格の範囲内で、外国人労働者がその有する能力を有効に発揮できるよう、公平な採用選考に努めること

2.　募集方法

Q165

どのように外国人労働者を募集したらよいでしょうか。

A　基本的には日本人を募集するときと変わりません。ハローワークや民間の人材紹介会社の利用、大学や日本語学校との連携、インターネットの利用など多様な方法があります。

一口に外国人といっても多様な人材がいて、それぞれ有効な募集方法は異なります。まずは、どのような人材を求めるのかを検討し、日本語能力はどの程度必要なのか、専門性が高い職種なのか、どのような在留資格が必要なのかなどを明確にしてから、有効な募集媒体を検討しましょう。以下で主要な方法を5つ紹介します。

(1) ハローワーク（公共職業安定所）

厚生労働省が運営する職業紹介所で、日本最大の求職・求人情報を有しています。手数料などのコストが発生しないメリットがあり、誰でも利用しやすいことから、求人者も求職者も多種多様です。

ハローワークに掲載される求人情報は日本語で書かれており、担当者も日本語しか使えないことが多いです。一部のハローワークには通訳がいますが、基本的には日本在住で日本語が使える人が利用します。日本語での対応が難しい場合は、(2) 外国人雇用サービスセンターを参照してください。

(2) 外国人雇用サービスセンター

外国人雇用サービスセンターは、ハローワークが運営している外国人向けの職業紹介所です。高度外国人材に対する職業相談・職業紹介や、外国人を雇用する事業主への雇用管理に関する指導・援助、外国人留学生に対する就職ガイダンスやインターンシッププログラムの提供などの支援をしています。

国の機関なので、紹介料などのコストはかかりません。外国人雇用サービスセンターが設置されているのは東京都、愛知県、大阪府、福岡県のみですが、こちらで登録された求人情報は全国のハローワークと連携されています。

◆外国人雇用サービスセンター　一覧

・東京外国人雇用サービスセンター
https://jsite.mhlw.go.jp/tokyo-foreigner/home.html
〒160-0004　東京都新宿区四谷1-6-1　四谷タワー13階
TEL：0570-011000（ナビダイヤル）
（一部のIP電話および海外からは03-5363-3013）

・名古屋外国人雇用サービスセンター
https://jsite.mhlw.go.jp/aichi-foreigner/
〒460-8640　愛知県名古屋市中区錦2-14-25　あい★彡ワーク8階
TEL：052-855-3770

・大阪外国人雇用サービスセンター
https://jsite.mhlw.go.jp/osaka-foreigner/home.html
〒530-0017　大阪市北区角田町8-47　阪急グランドビル16階
TEL：06-7709-9465

・福岡外国人雇用サービスセンター
https://jsite.mhlw.go.jp/fukuoka-roudoukyoku/hw/fuzoku_kikan/gaisen.html
〒810-0001　福岡県福岡市中央区天神1-4-2　エルガーラ12階
TEL：092-716-8608

(3)　人材紹介会社の利用

　民間の人材紹介会社では、企業のニーズに合った人材を紹介します。外国人は転職しながらキャリアアップを目指す傾向があり、より高度な仕事を求めて、転職エージェント等を利用していることも多いです。そのような人を採用するには、民間の人材紹介会社を利用することも有効です。

　ただし、紹介された人材の理論年収に応じた手数料が発生するため、比較的コストのかかる方法になります。短期間で転職していく可能性も考慮して、慎重に検討しましょう。

(4)　求人情報サイトやSNSの利用

　求人情報サイトや、SNS（ソーシャル・ネットワーキング・サービス）での求人情報の掲載による方法もあります。日本語能力が必須でない場合は、英語で求人情報を掲載することで、より多くの外国人の目に触れることが期待できます。運営元により異なりますが、求人情報の掲載料などがかかります。

　また、最近ではSNSを活用して仕事を探す人も増えているので、SNSに求人情報を掲載することも有効でしょう。こちらも日本語能力にこだわらないのであれば、英語で掲載したほうが、より多くの外国人にアプローチすることができます。

(5)　大学や日本語学校との連携

　大学や日本語学校等と連携し、学生を対象に募集することもできます。大学や日本語学校に通っている外国人は、ある程度の日本語能力を期待することができます。また、大学では、高度人材を新卒採用する機会をつくったり、留学生に向けたアルバイトの求人を出したりすることも可能です。

3.　募集職種に関する留意点

Q166

外国人の募集職種について、留意点はありますか。

A　外国人は、在留資格の範囲内でしか就業することができません。従事させる職務内容と必要な在留資格については、あらかじめ確認しておきましょう。

採用選考を進めるときも、まず在留資格について確認を行うことが必要です。適正な在留資格を有していない外国人を雇用して就労させてしまうと、不法就労助長罪が適用されることがあります。

また、募集にあたっては、職種別採用やジョブディスクリプション（☞**Q168**）を活用して、職務内容やキャリアプランを事前に明示しておくことでミスマッチを防ぎ、早期退職やモチベーション低下を予防することができます。

---

4. 報酬を決めるときの注意点

Q167

外国人の報酬を決めるときの注意点を教えてください。

A 外国人に対しても最賃法が適用されるため、少なくとも最低賃金額以上の賃金を支払わなくてはいけません（最賃法4①）。最低賃金を下回るような条件で募集をしないことはもちろん、そのような条件での紹介を受けてもいけません。仮に最低賃金を下回る条件で雇用契約を締結したとしても、最低賃金が適用され、最低賃金に満たない部分については未払賃金となります。

また、外国人であるという理由で、日本人よりも低い賃金で働かせることはできません（労基法3）。これに違反した場合には6か月以下の懲役または30万円以下の罰金の刑罰が適用されることもあります。日本人の労働者と比べて、不合理な格差がないようにする必要があります。さらに、在留資格ごとに報酬の基準が定められているものもあります（☞**Q18**）。

なお、海外企業から赴任してくる外国人労働者については、日本で働くことで手取額が減ってしまわないように、手取額の保障をす

る場合があります。そのときは、グロスアップ計算（☞**Q185**）が
必要になります。

---

5. ジョブディスクリプション

Q168

外国人の募集・採用にあたってはジョブディスクリプ
ションが重要であると聞きましたが、どのようなもので
しょうか。

A　ジョブディスクリプション（職務記述書）とは、企業内の職務
内容についての詳細を記載したものです。業務の目的、職務内容、
責任の範囲、必要なスキルや経験などについて記載します（**図表4
－2**）。

　欧米に多くみられるジョブ型雇用では、職務に対して賃金が発生
するという考え方をします。そのため、ジョブディスクリプション
によって職務を明確にしておくことが重要になります。特に外国の
大学・大学院出身者で、一定のキャリアを積んできた高度外国人材
などは、自分の専門性を生かしたいという気持ちが強い傾向があり
ます。ジョブディスクリプションで職務内容やキャリアプランを明
確にしておくことで、ミスマッチによる早期離職やモチベーション
低下を予防することが期待できます。一方で、国内の外国人留学生
や日本語学校からの採用であれば、そこまで重視されないこともあ
ります。

　高度人材の採用にあたってはジョブディスクリプションにより職
務内容を明確に示したほうがよいですが、業務の目的に沿っている
のならば、職務内容にある程度の柔軟性も持たせても差し支えあり

ません。日本の職場では、自分の業務範囲以外の関連業務もこなすことが一般的であり、外国人だけを特別扱いすると不公平感が生じるおそれがあるので、注意が必要です。

●図表4－2　ジョブディスクリプションの主な記載事項

項目	内容
職種・職名 Job Title	募集する職種について記載します。例えば、営業アシスタント（Sales Assistant）のように簡潔に記載します。
業務の目的 Job Purpose	業務の目的や意義について、具体的に記載します。
業務の内容 Job Duties	業務の内容やその責任範囲について、重要な事項はすべて記載しましょう。業務の内容ごとに簡条書きで書いておくとわかりやすくなります。KPI（重要業績評価指標）なども記載しておくと、より具体的になります。
必要なスキル・経験 Requirements	この仕事をするために必要な知識・スキル・資格・学歴・業務の経験・個人の特性など、簡条書きで具体的に記載しましょう。

6. 国籍を限定した募集の可否

Q169

国籍を限定して募集してもよいでしょうか。

A　基本的に国籍を限定して募集することは避けるべきですが、能力を条件とすることは問題ありません。例えば、「中国人」ではなく、「中国語を話せる人」であれば問題なく募集できます。

　職業紹介事業者等に対しては、職業安定法3条により「何人も、

人種、国籍、信条、性別、社会的身分、門地、従前の職業、労働組合の組合員であること等を理由として、職業紹介、職業指導等について、差別的取扱を受けることがない」と定められており、職業紹介等について国籍による差別的取扱いが禁止されています。そのため、職業紹介事業者を活用する場合には、国籍を限定して募集することはできないことになっています。

　一方で事業主においても、外国人雇用管理指針により「職業紹介事業者等に対し求人の申込みを行うにあたり、国籍による条件を付すなど差別的取扱いをしないよう十分留意すること」と定められています。国籍を限定せず、必要とする能力に応じて募集しましょう。

7.　年齢・性別などを限定した募集の可否

Q170

　年齢・性別などを限定して募集してもよいでしょうか。

A　雇用対策法や男女雇用機会均等法により、一定の場合を除き、年齢や性別にかかわらず均等な雇用機会を与える必要があります。ただし、結果の平等までは求められていませんので、各年齢層から均等に雇い入れたり、男女同数を雇い入れたりしなくても問題ありません。

8. 特定の宗教への信仰を理由とした採用拒否の可否

Q171

特定の宗教を信仰していることを理由として採用拒否してもよいでしょうか。

A 使用者には採用の自由があるので、思想・信条などを理由として採用を拒否したとしても、原則として違法にはなりません。しかし、思想・信条などの業務に関係のない個人的な事項については、情報を収集するべきではありません。

出身国にもよりますが、熱心に宗教を信仰している人は少なくありません。雇用する上では宗教的配慮が必要となるかもしれませんが、採用選考の段階においては必要のない情報なので、宗教など思想・信条に関する質問は避けるべきです。

法的にも、職業安定法5条の4および平成11年労働省告示141号により、社会的差別の原因となるおそれのある個人情報などの収集は、原則として認められない旨定められています。

もちろん、求職者本人から話してきた場合には問題ありません。また、本人がホームページやSNS等で公開範囲を限定せずに公開している情報についても同様です。本人以外が掲載しているインターネット上の情報であっても、通常の検索により見つかるものであれば構いません。

9. 採用選考にあたり在留資格を確認する
タイミング

Q172

外国人の採用選考にあたって、在留資格を確認する
タイミングについて教えてください。

A 在留資格の確認は最初に行う必要があります。採用選考を進め
ても、適正な在留資格がなければ雇用することはできませんから、
時間や労力を無駄にしないためにも、応募時に確認することをお勧
めします。

すでに日本での在留資格を持っている外国人については、在留
カードを確認し、募集職種で就労可能な在留資格があるかを確認す
る必要があります。応募書類を送付してもらう際に、在留カードの
写しを同封してもらうとよいでしょう。

現時点では募集職種で就労可能な在留資格を有していない場合
は、その取得を条件に採用選考を進める必要があります。

10. 募集職種で就労できる在留資格を有する
外国人を採用する場合の留意点

Q173

すでに募集職種で就労することのできる在留資格を持っ
ている外国人を採用する場合、何か留意することはあり
ますか。

A 在留カードに記載されている在留期間を確認しましょう。在留
期間の満了日を経過しているのに雇用してしまうと、不法就労助長

罪に問われる可能性があります。満了日を経過していない場合は、採用時から満了日までの期間に応じて、次のような手続きを行うこととなります。

（1） 在留資格の満了日まで余裕がある場合

　在留資格の更新の手続きは不要ですが、就労資格証明書の交付申請を行っておきましょう。就労資格証明書とは、前職の職務内容等を踏まえて、入社希望の外国人が募集職種で働く資格があるかを、出入国在留管理局が事前に審査し、証明するものです。

　入社前の在留資格は、前職で就労することを前提に審査されたものなので、新たに入社した会社でも当然に更新できるとは限りません。在留資格を更新できなければ、せっかく採用した外国人を退職させなければならない事態になります。就労資格証明書の交付を受けておくことで、このようなリスクを回避することができます。

　また、交付申請から審査結果が出るまでは、通常1か月から3か月程度の時間がかかります。在留資格の満了日までに期間が空いていたとしても、交付申請は可能なため、事前に申請を行うことで次回の在留期間更新申請がスムーズになります。

（2） 在留資格の満了日が迫っている場合

　在留資格の満了日が迫っている場合は、就労資格証明書の交付申請をしたとしても、その後すぐに在留資格の更新手続をしなければなりません。したがって、就労資格証明書の交付申請はせずに、在留期間更新許可申請の準備を進めたほうが効率的です。申請は、在留期限が満了する3か月前から行うことができ、審査結果が出るまでは、通常2週間から1か月程度かかります。

11. 現時点の在留資格で許可されている職種とは別の職種で雇用する場合の留意点

Q174

現時点の在留資格で許可されている職種とは別の職種で雇用する場合に、留意すべき事項について教えてください。

A 現在有している在留資格で許可されている職種とは別の職種で雇用する場合には、在留資格を変更しなければなりません。したがって、出入国在留管理局に対して在留資格変更許可申請を行う必要があります。外国人が日本に滞在していることを前提としているので、本人が手続きを行うことが一般的です。

採用選考を在留資格の変更を前提に進めていたとしても、在留資格変更が認められなければ、採用予定者をその職種で雇用することができません。このような場合に備えて、オファーレター（☞ **Q179**）や雇用契約書等を作成する際には、在留資格の取得を条件としておいたほうがよいでしょう。

12. 在留資格を有していない海外在住の外国人を採用する場合の留意点

Q175

在留資格を有していない海外在住の外国人を採用する場合に、留意すべき事項について教えてください。

A 在留資格認定証明書の申請が必要なほか、住居の確保や、国民年金の加入について留意が必要です。また、在留資格の申請に必要

となる雇用契約書の作成にあたっても注意すべき点があります。

(1)　在留資格認定証明書の申請

　海外在住の外国人が入社に合わせて来日するような場合、企業側で在留資格認定証明書の申請を行うことが一般的です。外国人の居住予定地または会社所在地を管轄する出入国在留管理局に在留資格認定証明書交付申請書を提出します。

(2)　雇用契約の作成

　在留資格の申請にあたっては雇用契約書を添付するため、入社の数か月前に雇用契約書を作成する必要があります。在留資格が取得できなければ当然雇用することもできないので、雇用契約書には在留資格の取得を条件とし、取得できなかった場合には雇用しない旨を明らかにしておきましょう。

(3)　住居の確保

　入社日に合わせて来日する場合だと、外国人本人が不動産の賃貸契約を結ぶことは難しいので、企業側で住宅を借りて社宅を提供することが必要となる場合があります。

(4)　国民年金への加入

　雇用契約の開始日よりも前に、日本で住民登録をした場合は、国民年金の加入義務が発生することもあるので注意が必要です。

　日本に住む20歳以上60歳未満の人は、外国人を含めて日本の年金制度に加入し、保険料を納めることが義務づけられています。20歳以降に日本に住民登録をした外国人は、日本に上陸した日から原則として14日以内に手続きが必要です。

13. 履歴書を書いてもらう場合の留意点

Q176

日本と外国では履歴書の様式が異なるようですが、外国人に履歴書を書いてもらう際に留意すべき事項はありますか。

A 国によって履歴書の書き方は異なるため、必ず記載してもらいたい事項があるときは、あらかじめ伝えておきましょう。

日本の一般的な履歴書では、顔写真があって、生年月日、性別、配偶者の有無など、たくさんの個人情報を記入する欄があります。しかし、アメリカなどでは採用差別防止のため、顔写真、性別、年齢、家族構成などの個人情報は記載しません。業務には関係のない個人情報を収集すると、採用差別に繋がるおそれがあるからです。

多様な人材を活用していくのであれば、業務に必要のない個人情報はなるべく収集せず、公平な採用選考を実施できるように努めることが望ましいといえます。

14. 面接にあたっての留意点

Q177

外国人の面接にあたって、留意することはありますか。

A 原則として、募集職種の業務に関係のない事項については、訊かないようにしましょう。そのつもりがなくても、差別されていると疑われるような質問は避けるべきです。「人種、民族、社会的身

分、門地、本籍、出生地その他社会的差別の原因となるおそれのある事項」や「労働組合への加入状況」などは、原則として収集してはならないとされています（特別な職業上の必要性が存在することその他業務の目的の達成に必要不可欠であって、収集目的を示して本人から収集する場合は除きます）。

Ⅲ　雇用契約

1.　採用を決定した後の流れ

Q178

採用を決定した後の流れについて教えてください。

A　採用が決定した後は、**(1)** 採用通知、**(2)** 労働条件通知書の交付または雇用契約書の締結、**(3)** 在留資格の申請、入社後に **(4)** 雇用保険・社会保険の資格取得手続という流れになります。

(1)　採用通知

採用が決まったら、採用通知を送付します。欧米では一般的に「オファーレター」（☞**Q179**）と呼ばれる書類を発行しますが、日本人と同様の採用通知を送付しても問題ありません。

(2)　労働条件通知書の交付または雇用契約書の締結

在留資格の取得や変更手続が必要となる場合には、労働条件通知書の交付または雇用契約書の締結が必要になります。労働条件通知書と雇用契約書はどちらか一方で構いませんが、法律により明示が必要な事項が定められています（☞**Q180**）。

(3)　在留資格の申請

在留資格の申請手続を実施します（☞**第1章Ⅱ・Ⅲ**）。

(4)　雇用保険・社会保険の資格取得手続

　入社後、雇用保険・社会保険の資格取得手続を行います。

2.　オファーレター

Q179

　　　オファーレターとは、どのような書類でしょうか。

A　オファーレターは、採用通知と雇用契約書を兼ねたような書類
で、労働時間や賃金等の労働条件が記載されています。採用が内定
したときに発行され、労働者側がサインをすることで、雇用契約が
成立します。欧米で一般労働者を雇用する際には、よくオファーレ
ターが用いられています。

　日本において、オファーレターにより雇用契約を締結する場合、
法律により明示が必要とされている事項を記載する必要がありま
す。

3.　労働条件通知書および雇用契約書の締結

Q180

　　労働条件通知書や雇用契約書に書くべきことを教えてく
　　ださい。外国語で作成する必要はありますか。

A　労働条件通知書や雇用契約書には、日本人と同じように、法律
で明示が必要であると定められているものを記載する必要がありま

す（**図表4－3**）。

●図表4－3　労働条件通知書や雇用契約書に明示すべき事項

必ず明示しなければならないこと	定めをした場合に明示 しなければならないこと
①　契約期間に関すること ②　期間の定めがある契約を更新する場合の基準に関すること ③　就業場所、従事する業務に関すること ④　始業・終業時刻、休憩、休日などに関すること ⑤　賃金の決定方法、支払時期などに関すること ⑥　退職に関すること（解雇事由を含む） ⑦　昇給に関すること ※①～⑥は書面による明示が必要	①　退職手当に関すること ②　賞与などに関すること ③　食費、作業用品などの負担に関すること ④　安全衛生に関すること ⑤　職業訓練に関すること ⑥　災害補償などに関すること ⑦　表彰や制裁に関すること ⑧　休職に関すること

　また、労働条件通知書、雇用契約書、就業規則等は、相手が理解できるように配慮する必要があります。日本語能力が高い人であれば日本語でも構いませんが、そうでなければ相手が理解できる言語で作成することが望ましいです。

　厚生労働省のホームページには、13カ国語で書かれた「外国人労働者向けモデル労働条件通知書」や「労働条件ハンドブック」が用意されています。厚生労働省ホームページの労働基準法関係リーフレット等一覧を確認してください。

　参考として、英語の労働条件通知書の一例を掲載します（**資料4－1**）。

◆資料4－1　労働条件通知書（英語）

Notice of Employment
労働条件通知書

Date: _____
年月日

To: _____ 殿

Company's name _____
事業場名称（ローマ字で記入）

Company's address _____
所在地（ローマ字で記入）

Telephone number _____
電話番号

Employer's name _____
使用者職氏名（ローマ字で記入）

I.　Term of employment
契約期間

Non-fixed, ☐　　　Fixed* ☐　　（From　　　to　　　）
期間の定めなし　　期間の定めあり（※）（　年　月　日　～　年　月　日）

[If the employee is eligible for an exception under the Act on Special Measures for Fixed-term contract Workers with Specialized Knowledge, etc.]
【有期雇用特別措置法による特例の対象者の場合】

Period in which the right to apply for conversion to indefinite term status is not granted: I (highly skilled professional), II (elderly person after retirement age)
無期転換申込権が発生しない期間：Ⅰ（高度専門）・Ⅱ（定年後の高齢者）

I. Period from beginning to end of specific fixed-term task (　　　months from _____ [maximum of 10 years])
Ⅰ　特定有期業務の開始から完了までの期間（　　　年　　か月（上限10年））

II. Period of continuous employment after reaching mandatory retirement age
Ⅱ　定年後引き続いて雇用されている期間

II.　Place of Employment
就業の場所

III.　Contents of duties
従事すべき業務の内容

If the employee is eligible for an exception under the Act on Special Measures for Fixed-term contract Workers with Specialized Knowledge, etc. (highly skilled professional)
【有期雇用特別措置法による特例の対象者（高度専門）の場合】

• Specific fixed-term task (　　　　Start date:　　　　End date:　　　　）
・特定有期業務（　　　　開始日：　　　　完了日：　　　　）

IV.　Working hours, etc.
労働時間等

1.　Opening and closing time:
始業・終業の時刻等

(1)　Opening time (　　　)　　Closing time (　　　)
始業（　時　分）　　終業（　時　分）

[If the following systems apply to workers]
【以下のような制度が労働者に適用される場合】

(2)　Irregular labor system, etc.: Depending on the following combination of duty hours as an irregular (　　) unit work or shift system.
変形労働時間制等：（　　）単位の変形労働時間制・交代制として、次の勤務時間の組み合わせによる。

┌ Opening time (　　)　　Closing time (　　)　　(Day applied:　　　)
│　始業（　時　分）　　終業（　時　分）　　（適用日　　　）
├ Opening time (　　)　　Closing time (　　)　　(Day applied:　　　)
│　始業（　時　分）　　終業（　時　分）　　（適用日　　　）
└ Opening time (　　)　　Closing time (　　)　　(Day applied:　　　)
　　始業（　時　分）　　終業（　時　分）　　（適用日　　　）

(3)　Flex time system: Workers determine opening and closing time.
フレックスタイム制：始業及び終業の時刻は労働者の決定に委ねる。

[However,　　flex time:　(opening) from (　　) to (　　);
（ただし、フレキシブルタイム　（始業）（　）時（　）分から（　）時（　）分、
　　　　　　　　　　　　　　　　(closing) from (　　) to (　　)
　　　　　　　　　　　　　　　（終業）（　）時（　）分から（　）時（　）分、
Core time:　from (opening) (　　) to (closing) (　　)]
コアタイム　　（　）時（　）分から（　）時（　）分）]

(4)　System of deemed working hours outside workplace: Opening (　　) Closing (　　)
事業場外みなし労働時間制：始業（　時　分）終業（　時　分）

(5)　Discretionary labor system: As determined by workers based on opening (　　) closing (　　)
裁量労働制：始業（　時　分）終業（　時　分）を基本とし、労働者の決定に委ねる。

○ Details are stipulated in Article (　　), Article (　　), Article (　　) of the Rules of Employment
詳細は、就業規則第（　）条～第（　）条、第（　）条～第（　）条、第（　）条～第（　）条

2. Rest period ( ) minutes
   休憩時間 （　　　）分
3. Presence of overtime work (Yes:☐ No:☐)
   所定時間外労働の有無 （　有　,　無　）

V. Days off
   休日
   • Regular days off: Every ( ), national holidays, others ( )
     定例日：毎週（　　）曜日、国民の祝日、その他（　　　　　）
   • Additional days off: ( ) days per week/month, others ( )
     非定例日：週・月当たり（　　）日、その他（　　　　　）
   • In the case of irregular labor system for each year: ( ) days
     １年単位の変形労働時間制の場合−年間（　　　　）日
   ○ Details are stipulated in Article ( ), Article ( ), Article ( ) of the Rules of Employment
     詳細は、就業規則第（　）条〜第（　）条、第（　）条〜第（　）条、第（　）条〜第（　）条

VI. Leave
   休暇
   1. Annual paid leave: Those working continuously for 6 months or more, ( ) days
      年次有給休暇 　　　　　　６か月継続勤務した場合→（　）日
      　　　　　　　　　　　Those working continuously up to 6 months, (Yes:☐ No:☐)
      　　　　　　　　　　　継続勤務６か月以内の年次有給休暇 （　有　,　無　）
      　　　　　　　　　　　→ After a lapse of ( ) months, ( ) days
      　　　　　　　　　　　　（　　　）か月経過で（　　）日
      　　　　　　　　　　　Annual paid leave (in hours) (Yes:☐ No:☐)
      　　　　　　　　　　　時間単位年休 （　有　,　無　）
   2. Substitute days off (Yes:☐ No:☐)
      代替休暇 （　有　,　無　）
   3. Other leave: 　Paid 　( )
      その他の休暇 　有給 　（　　　　　　　　　　）
      　　　　　　　Unpaid 　( )
      　　　　　　　無給 　（　　　　　　　　　　）
   ○ Details are stipulated in Article ( ), Article ( ), Article ( ) of the Rules of Employment
     詳細は、就業規則　第（　）条〜第（　）条、第（　）条〜第（　）条、第（　）条〜第（　）条

VII. Wages
    賃金
    1. Basic pay 　(a) Monthly wage (yen) 　(b) Daily wage (yen)
       基本賃金 　　　月給（　　　　　　円） 　　　　日給（　　　　　　円）
       　　　　　　(c) Hourly wage (yen)
       　　　　　　時間給（　　　　　　円）
       　　　　　　(d) Payment by job (Basic pay: yen: Security pay: yen)
       　　　　　　出来高給（基本単価　　　　　円、保障給　　　　　円）
       　　　　　　(e) Others (yen)
       　　　　　　その他（　　　　　　円）
       　　　　　　(f) Wage ranking stipulated in the Rules of Employment
       　　　　　　就業規則に規定されている賃金等級等
    2. Amount and calculation method for various allowances
       諸手当の額及び計算方法
       (a) (allowance: yen; Calculation method:)
       　　（　　　手当　　　　　　円／　　計算方法：　　　　　　　　　　）
       (b) (allowance: yen; Calculation method:)
       　　（　　　手当　　　　　　円／　　計算方法：　　　　　　　　　　）
       (c) (allowance: yen; Calculation method:)
       　　（　　　手当　　　　　　円／　　計算方法：　　　　　　　　　　）
       (d) (allowance: yen; Calculation method:)
       　　（　　　手当　　　　　　円／　　計算方法：　　　　　　　　　　）
    3. Additional pay rate for overtime, holiday work or night work
       所定時間外、休日又は深夜労働に対して支払われる割増賃金率
       (a) Overtime work: 　Legal overtime 　60 hours or less per month ( )% 　over 60 hours per month ( )% 　Fixed overtime ( )%
       　　所定時間外 　　　法定超 　月60時間以内（　　）% 　　月60時間超（　　）% 　　所定超（　　）%
       (b) Holiday work: 　Legal holiday work ( )% 　　Non-legal holiday work ( )%
       　　休日 　　　　　法定休日（　　）% 　　　　法定外休日（　　）%
       (c) Night work ( )%
       　　深夜（　　）%
    4. Closing day of pay roll : ( ) – ( ) of every month; ( ) – ( ) of every month
       賃金締切日 　　　　（　　）− 毎月（　　）日、　（　　）− 毎月（　　）日
    5. Pay day : ( ) – ( ) of every month; ( ) – ( ) of every month
       賃金支払日 　　　　（　　）− 毎月（　　）日、　（　　）− 毎月（　　）日
    6. Method of wage payment ( )
       賃金の支払方法 （　　　　　　　　　　）

7. Deduction from wages in accordance with labor-management agreement: [No: Yes: (   )]
   労使協定に基づく賃金支払時の控除 （ 無 ， 有 （   ））
8. Wage raise: (Time, etc.   )
   昇給   （時期等   ）
9. Bonus: [Yes: (Time and amount, etc.   ); No:]
   賞与   （ 有 （時期、金額等   ）, 無 ）
10. Retirement allowance: [Yes: (Time and amount, etc.   ) ; No:]
    退職金   （ 有 （時期、金額等   ）, 無 ）

VIII. Items concerning retirement
退職に関する事項

1. Retirement age system   [Yes: (old) ;   No:]
   定年制   （ 有 （   歳）, 無 ）
2. Continued employment scheme   [Yes: (Up to   years of age); No:]
   継続雇用制度   （有 （   歳まで）, 無）
3. Procedure for retirement for personal reasons [Notification should be made no less than (   ) days before the retirement.]
   自己都合退職の手続 （退職する（   ）日以上前に届け出ること）
4. Reasons and procedure for the dismissal:
   解雇の事由及び手続

   ○ Details are stipulated in Article (   ), Article (   ), Article (   ) of the Rules of Employment
   詳細は、就業規則第（   ）条〜第（   ）条、第（   ）条〜第（   ）条、第（   ）条〜第（   ）条

IX. Others
その他

• Joining social insurance [Employees' pension insurance; Health insurance; Employees' pension fund; other: (   )]
  社会保険の加入状況 （ 厚生年金 健康保険 厚生年金基金 その他 （   ））
• Application of employment insurance: (Yes: ☐ No: ☐)
  雇用保険の適用 （ 有 ， 無 ）
• Consultation office for items concerning improvement of employment management, etc.
  雇用管理の改善等に関する事項に係る相談窓口
  Name of office (   ) Person in charge (   ) (Tel. No.   )
  部署名 （   ）担当者職氏名 （   ）(連絡先   )
• Others
  その他

*To be entered in case where, with regard to "Period of contract," you answered: "There is a provision for a certain period."
（※）「契約期間」について「期間の定めあり」とした場合に記入

Renewal 更新の有無	1. Renewal of contract 契約の更新の有無 [• The contract shall be automatically renewed. • The contract may be renewed. （自動的に更新する 更新する場合があり得る • The contract is not renewable. • Others ( )] 契約の更新はしない その他 ( )) 2. Renewal of the contract shall be determined by the following factors: 契約の更新は次により判断する。 [• Volume of work to be done at the time the term of contract expires 契約期間満了時の業務量 • Employee's work record and work attitude • Employee's capability 勤務成績、態度 能力 • Business performance of the Company • State of progress of the work done by the employee • Others( ) 会社の経営状況 従事している業務の進捗状況 その他( ) *The following explains cases where a "defined period" is provided with regard to the "period of contract." ※以下は、「契約期間」について「期間の定めあり」とした場合についての説明です。 In accordance with the provision of Article 18 of the Labor Contract Act, in case the total period of a labor contract with a defined period (to commence on or after April 1, 2013) exceeds five consecutive years, such labor contract shall be converted to a labor contract without a definite period, effective the day after the last day of the former period of contract, upon the request of the worker concerned made by the last day of said period of contract. However, if the employee is eligible for an exception under the Act on Special Measures for Fixed-term contract Workers with Specialized Knowledge, etc., this period of "five years" will become the period provided for the "term of employment" in this Notice. 労働契約法第18条の規定により、有期労働契約（2013年4月1日以降に開始するもの）の契約期間が通算5年を超える場合には、労働契約の期間の末日までに労働者から申込みをすることにより、当該労働契約の期間の末日の翌日から期間の定めのない労働契約に転換されます。ただし、有期雇用特別措置法による特例の対象となる場合は、この「5年」という期間は、本通知書の「契約期間」欄に明示したとおりとなります。

Employee (signature) _____
受け取り人（署名）

* Matters other than those mentioned above shall be in accordance with the labor regulations of our company.
※以上のほかは、当社就業規則による。
* The issuance of this Notice shall clearly specify working conditions stipulated in Article 15 of the Labor Standards Act and shall also serve as the issuance of documents pursuant to Article 6 of the Act on Improvement, etc. of Employment Management for Part-Time Workers (The Act on Improvement, etc. of Employment Management for Part-Time Workers and Fixed-Term Workers).
※本通知書の交付は、労働基準法第15条に基づく労働条件の明示及び短時間労働者及び短期雇用労働者の雇用管理の改善等に関する法律（短時間労働者及び短期雇用労働者の雇用管理の改善等に関する法律）第6条に基づく文書の交付を兼ねるものであること。
* The notice on labor conditions shall be retained for the purpose of preventing any possible disputes between employees and an employer.
※労働条件通知書については、労使間の紛争の未然防止のため、保存しておくことをお勧めします。

出典：厚生労働省「外国人労働者向けモデル労働条件通知書（英語版）」

4. 雇用契約における印鑑等の必要性

Q181

雇用する外国人が印鑑を持っていないのですが、雇用契約書等の締結にあたって印鑑は必要でしょうか。

A 雇用契約書等に印鑑を押してもらう必要はなく、押印の代わりに署名（サイン）をしてもらえば問題ありません。日本では印鑑が必要となる場面も考えられますから、外国人労働者の理解を得た上で、印鑑を作成してもらうか、用意してあげることも検討してみましょう。

5. 雇用契約にあたって留意すべき雇用慣行の違い

Q182

雇用契約にあたって、雇用慣行の違いについて留意すべき事項を教えてください。

A 日本では当たり前のことでも、外国では当たり前ではないことは少なくありません。特に、**(1)** 職務内容、**(2)** 労働時間・休日・休暇、**(3)** 所定時間外労働や休日労働の有無、**(4)** 賃金から控除される税金・社会保険料については、十分に説明をして、理解を得られるように努めましょう。

(1) 職務内容

　日本企業では、職務を限定せずに様々な仕事を経験しながら育成していくことが一般的です。しかし、特に高度外国人材については自分の専門性を活かしたいと考える傾向があります。ジョブディスクリプション（☞**Q168**）や雇用契約書に記載のない仕事を命令されると、契約と異なるとして拒否されることもあります。

　雇用後に職務内容について揉めないように、どのような業務があるのか、あらかじめ認識を合わせておく必要があります。

(2) 労働時間・休日・休暇

　日本人に対してもいえることですが、所定労働時間・休日・休暇については明確に定める必要があります。働くべき日や時間が曖昧になっているとトラブルに繋がりかねません。

　また、国の文化や宗教に合わせて長期休暇を充てることができれば、外国人にとっては働きやすい環境となります。日本人よりも多くの休暇を与える必要はありませんが、日本でのお盆休みや年末年始休暇等を、別の日程に振替えられるよう検討してみましょう。

(3) 所定時間外労働・休日労働の有無

　日本人は時間外労働や休日労働を当たり前だと受け取るかもしれませんが、外国人も同じとは限りません。たとえ仕事が残っていたとしても、終業時刻を迎えれば帰宅するのが普通だと考えている場合があります。

　残業を命じることがあるのなら、雇用契約書に所定時間外労働・休日労働があることを明記しておくとともに、残業命令があった場合には従ってもらうことや、残業時間の上限、残業した場合に支払われる賃金についても説明しておきましょう。

(4)　賃金から控除される税金・社会保険料

　日本人であれば額面賃金と手取賃金が異なることは常識かもしれ
ませんが、外国人にとって税金・社会保険料が控除されることは当
然ではありません。

　賃金を支払う際には、法律に基づく賃金控除（所得税、住民税、
雇用保険料、健康保険料、介護保険料、厚生年金保険料の控除）が
発生し、雇用契約書に記載されている賃金額と手取りの賃金額が異
なることを説明しておく必要があります。

6. 外国人労働者のパスポート・在留カードを会社が預かる可否

Q183

　外国人労働者のパスポートや在留カードを会社で預かっ
ても問題ないでしょうか。

A　外国人は、在留カードを常に携帯することが義務づけられてい
るため、会社で預かることはできません（入管法23②）。パスポー
トについては、在留カードを携帯している場合には携帯義務はあり
ませんが、会社で預かることは避けるべきでしょう。外国人雇用管
理指針においても、「事業主は、外国人労働者の旅券、在留カード
等を保管しないようにすること」と定められています。

7. 子女教育費・ホームリーブ

Q184

外国人労働者に対する諸手当について、子女教育費や
ホームリーブ等の言葉を聞いたことがあるのですが、ど
のようなものか教えてください。

[A] 外国企業から一時的に日本に出向して働いている外国人（エク
スパッツ）などには、特別な手当が支給されている例があります。

　外国人だから特別に手当を支給しなければならないということは
なく、原則として日本人と同様の取扱いで問題ありませんが、外国
人材を海外から招へいする場合などは、日本で働いてもらうために
必要な費用の負担をすることがあります。

（1） 子女教育費

　親会社から来た、外国人の出向社員の子どもたちの教育費を会社
が負担するものです。手当の金額は、全額負担することもあれば、
一定額や一定割合を負担する場合もあります。

　また、外国人労働者の子どもたちが通うインターナショナルス
クールにおいて、会社が一定の寄付をすることで、その授業料が免
除になる制度（スカラシップ制度）がある場合もあります。

　子女教育費を手当で支給する場合は課税されますが、スカラシッ
プ制度によって授業料が免除されるときの経済的利益については非
課税となる場合があります。

(2) ホームリーブ

　ホームリーブは帰郷費用のことです。出向や転勤により日本で長期間勤務する外国人労働者やその家族が、休暇のために帰国する際の旅費を支給するものです。以下の条件を満たせば所得税法上「給与」として課税されません。

① 就業規則などでホームリーブについての定めがあること

② ホームリーブがおよそ1年以上の期間ごとに行われること

③ 帰国のために必要とみなして支給されること（同一生計の配偶者や、その他の親族にかかる支出を含みます）

④ 日本と当該国との間を往復する運賃であること（航空機などの移動手段以外に、やむを得ない事情に限り宿泊費も含みます）

⑤ 渡航にかかる運賃や時間、距離を考慮し、もっとも経済的かつ合理的と認められる経路と方法であること

8. 手取保障のためのグロスアップ計算

Q185

手取保障のためにグロスアップ計算を行うことがあると聞きましたが、具体的にどのようなものでしょうか。

A グロスアップ計算とは、賃金額を決めるにあたって、差引支給額（手取額）から総支給額を求めることをいいます。例えば海外から赴任してくる外国人労働者に対して、元々住んでいた国で働いていた場合にもらえるはずの手取額を保障するために使われることがあります。具体的な計算方法は次の通りです。

（1）　手取保障額から総支給額を仮定

　まず、手取保障額から仮の総支給額を決めます。例えば、400,000円の手取りを保障するのなら、480,000円を総支給額と仮定してみます。

（2）　仮の総支給額に対する差引支給額を計算し、手取保障との差額を計算

　次に、仮で決めた総支給額に対してかかる社会保険料や税金を計算して、差引支給額を計算します。仮に総支給額480,000円で差引支給額が395,012円とすると、手取保障額は400,000円なので、4,988円不足しています。

　※　東京都在住、40歳未満、扶養家族0人の条件で計算した場合

（3）　仮の総支給額に過不足額を足したものを新たな総支給額として再度仮定

　仮の総支給額に、（2）で計算した過不足額を足して再計算します。先の例では手取保障額400,000円に対して4,988円不足していたので、次は484,988円を総支給額と仮定します。その後は、再び（2）のように差引支給額を計算して、手取保障額との差額を求めます。

（4）　仮の総支給額に対する差引支給額と手取保障額が一致するまで（2）と（3）を繰り返す

　総支給額によって社会保険料や所得税は変化するため、複数回計算を重ねる必要があります。（2）と（3）を繰り返し、差引支給額が手取保障額と一致したところで計算完了です。

◆400,000円の手取保障をする場合のグロスアップ計算例

1回目

a　総支給額480,000円　b　差引支給額395,012円

c.不足額4,988円

2回目

a2　総支給額484,988円（a＋c）　b2　差引支給額399,495円

c2.不足額505円

3回目

a3　総支給額485,493（a2＋c2）　b3.差引支給額396,032円

c3.不足額3,968円

4回目

a4　総支給額489,461（a3＋c3）　b4.差引支給額399,738円

c4.不足額262円

5回目

a5　総支給額489,723（a4＋c4）　b5.差引支給額399,999円

c5.不足額1円

6回目

a6　総支給額489,724（a5＋c5）　b6.差引支給額400,000円

c6.不足額0円

※　令和4年度4月時点で、東京都在住、40歳未満、扶養家族なしの条件で計算しています。なお、住民税は計算に含めていません。

　このように、グロスアップ計算は手間がかかるため、給与計算ソフトなどを利用して計算することをお勧めします。

9. 外国人を日本人より低賃金で雇用する可否

Q186

日本人よりも安い賃金で働かせてもよいでしょうか。

A 外国人であることのみを理由に、日本人よりも安い賃金で働かせることはできません。外国人であることを理由とした労働条件面での差別的取扱いは労基法3条により禁止されています。

もちろん、職務内容に応じた合理的な賃金差は問題ありません。しかし、同様の職務に従事する日本人と格差があったとき、その格差に合理的な理由がなければ差別的取扱いであると判断され、損害賠償を請求されるおそれがあります。また、在留資格によっては「日本人が従事する場合に受ける報酬と同等額以上の報酬を受けること」などの条件が設けられていることがあるので注意が必要です。

10. 時給での雇用契約を締結する可否

Q187

外国人を雇用する上で、時給での契約でもよいのでしょうか。

A 原則として、日本人と同様に労働関係諸法令に反しなければ、時給での契約は可能です。ただし、建設分野で技能実習生や特定技能外国人を雇用する場合は、他の社員が時給制や日給制であっても、月給制での雇用が義務づけられています。日給制や時給制で

は、季節や工事受注状況による仕事の繁閑によってあらかじめ想定した報酬を下回ることがあり、報酬面のミスマッチにつながることを懸念して、このような運用がなされています。

11. 雇用契約にあたっての身元保証人の必要性と留意点

Q188

外国人との雇用契約にあたって、身元保証人は必要でしょうか。また、身元保証契約を締結する場合の留意事項を教えてください。

A 外国人の身元保証には、大きく分けて2つあります。在留資格の申請や更新のために必要とされることがある（**1**）入管法における身元保証と、（**2**）入社時に会社から求められる身元保証です。前者は法律上必要となる場合がありますが、後者は任意です。

（1）　入管法における身元保証

入管法における身元保証人は、すべての外国人に必要となるわけではありませんが、「日本人の配偶者等」、「永住者の配偶者等」、「定住者」で在留する場合は、必要となることがあります。身元保証人は、外国人が滞在費や帰国費用を支払うことできないときにこれを負担し、日本法を遵守させるよう生活指導を行う道義的責任を負います。

連帯保証人とは違い、道義的責任を負うだけで、法的な責任を求められるわけではありません。仮に滞在費や帰国費用を負担しなかったとしても、法的には支払いの義務が生じませんし、罰則を受けることもありません。ただし、身元保証人としての信頼を失ってしまうことになるので、その後に外国人の身元保証人になることができなくなってしまうおそれがあります。

日本人の配偶者がいる場合は、その人が身元保証人になることが一般的ですが、会社の責任者や担当者がなることも多いです。身元保証人になる条件は以下の通りです。

① 日本人あるいは日本永住者であること
② 安定した収入・資力があること
③ 身元保証人になる意思があること

(2) 入社時に会社から求められる身元保証

日本人と同じように、労働者が会社に損害を与えた場合に、その損害賠償の保証してもらうために、身元保証契約を締結することがあります。業務内容などを考慮の上、必要性を検討しましょう。

12. 入社時に外国人から提出してもらうべき書類

Q189
入社にあたって提出してもらうべき書類について教えてください。

A 会社の規定する日本人労働者と同様の書類に加え、在留カードの写しは必ず提出してもらいましょう。ただし、在留カードやパスポートの原本を預かることはできません（☞**Q183**）。

また、緊急連絡先についても確認しておきましょう。外国人労働者が急にいなくなってしまったとき、母国の家族などの緊急連絡先を確認しておくことで、居場所を把握できることがあります。行方不明になった場合、警察に届出をするほか、出入国在留管理局への報告も必要となります（☞**Q225**）。

Ⅳ　採用後の手続き

1. 外国人を雇用した場合に必要となる手続き

Q190

外国人を雇用した場合に、必要となる手続きについて
教えてください。

A　（1）ハローワーク、（2）年金事務所、（3）出入国在留管理局
への届出が必要となります。基本的に必要となる手続きは**図表4－4**の通りです。

●図表4－4　手続き一覧

（1）　ハローワークに届け出るもの

届出名	提出期限
【雇用保険の被保険者になる場合】 雇用保険　被保険者資格取得届	雇い入れた日の属する月の 翌月10日まで
【雇用保険の被保険者とならない場合】 外国人雇用状況届出書	雇い入れた日の翌月の末日まで

(2) 年金事務所に届け出るもの（社会保険の被保険者となる場合のみ）

届出名	提出期限
健康保険・厚生年金保険　被保険者資格取得届	雇い入れた日から5日以内
【個人番号と基礎年金番号が結びついていない場合】 【個人番号制度の対象外の場合】 厚生年金被保険者　ローマ字氏名届	雇い入れた日から5日以内
【扶養する家族がいる場合】 健康保険被扶養者（異動）届 【扶養する配偶者がいる場合】 第3号被保険者関係届	雇い入れた日から5日以内

(3) 出入国在留管理局に届け出るもの

届出名	提出期限
【会社等の所属機関が提出】 中長期在留者の受入れに関する届出 　※ハローワークに「雇用保険被保険者資格取得届」または「外国人雇用状況届出書」の届出をしている場合は提出不要	就労開始日から14日以内
【外国人本人が提出】 所属（活動）機関に関する届出	就労開始から14日以内

2. 労働保険の適用対象となる外国人労働者

Q191

外国人労働者は労働保険の適用対象となりますか。

A 外国人であっても、原則として労働保険（労災保険・雇用保険）の適用対象となります。

労災保険については、雇用形態にかかわらず、すべての労働者が対象となります。たとえ不法就労者であっても労災保険の対象となり、労災があった場合には労災保険給付を受ける権利を有します。

雇用保険についても適用対象となり、日本人と同じように失業給付等を受けることができます。ただし、外国の失業補償制度に加入している場合には加入を免除されることがあります。

3. 社会保険の適用対象となる外国人労働者

Q192

外国人労働者は社会保険の適用対象となりますか。

A 外国人であっても、日本人と同様に社会保険（健康保険・厚生年金保険）に加入させる必要があります。外国人が厚生年金保険への加入を拒否した場合は、**Q201**を参照してください。

ただし、社会保障協定を結んでいる国から日本に赴任する場合は、社会保障協定の適用申請により日本での社会保険加入が免除になる場合があります（☞**Q202**）。

また、海外法人から日本法人に派遣される場合で、賃金が外国法

人からのみ支払われているような場合についても、社会保険の適用対象とはならない場合があります（☞ **Q196** ・ **Q197**）。

4. 社会保険の資格取得手続に関する留意点

Q193

社会保険の資格取得手続に関して、留意すべき事項について教えてください。

A 外国人も、日本人の資格取得時と大きくは変わりません。しかし、当該外国人の個人番号と基礎年金番号が結びついていない場合や、個人番号制度の対象外である場合は、資格取得届等と併せて「厚生年金被保険者　ローマ字氏名届」の届出が必要です。

資格取得届以外に、「厚生年金被保険者氏名変更届」、「国民年金第3号被保険者関係届」についてもローマ字氏名届が必要となります。被保険者と同様に、被扶養者となる配偶者についてもローマ字氏名届が必要となることがあります。

被保険者氏名欄には、在留カードまたは住民票に記載されているローマ字氏名を大文字で記入します。また、住民票に漢字氏名や通称名の記載がある人については、任意で記入することができます。

提出方法は、原則として郵送または持参となります。ただし、資格取得届等を電子申請により手続きする場合に限り、ローマ字氏名届は画像ファイルの提出が可能です。

5. 日本語学校に通う外国人留学生の労働保険・社会保険の適用

Q194

日本語学校に通っている外国人留学生には、労働保険や社会保険は適用されますか。

A 労働保険のうち、労災保険は適用されます。雇用保険については、所定労働時間が週20時間以上であっても、昼間学生の場合は適用されません。ただし、夜間学生の場合は加入が必要となります。また、卒業見込証明書を有する者であって卒業前に就職し、卒業後も引き続き同一の事業主に勤務することが予定され、一般労働者と同様に勤務し得ると認められる場合には、加入が必要となります。なお、外国人留学生が資格外活動許可を得て働く場合は、週28時間までという制限を超えないように注意しましょう。

社会保険については、要件に該当する限り加入させる必要があります。

6. 外国人が日本法人の役員となった場合の労働保険・社会保険の適用

Q195

外国人が日本法人の役員となった場合には、労働保険や社会保険は適用されますか。

A 日本人と同様、役員に対しても原則として社会保険は適用されますが、労働保険は適用されません。ただし、使用人兼務役員の場合は労働保険も適用されます。使用人兼務役員とは、取締役兼営業

部長など、役員でありながら使用人としての地位を有し、かつ常時使用人としての職務に従事する者をいいます。

7. 海外法人から日本法人に派遣された外国人労働者に対する労働保険・社会保険の適用

Q196

海外法人から日本法人に派遣された外国人労働者に対して、労働保険や社会保険は適用されますか。

A 　海外法人に雇用されており、転勤などの理由で日本法人に派遣されてくる外国人労働者（エクスパッツ）に対しては、原則として雇用保険は適用されません。労災保険について、外国人への賃金を労災保険料の対象賃金に加えるべきかは、誰が指揮命令をしているかによって異なります。日本法人の指揮命令による業務であれば、日本の労災保険の対象となりますが、海外法人の指揮命令による場合は対象外です。

　社会保険については原則として加入が必要です。ただし、社会保障協定を結んでいる国から赴任する場合は、社会保障協定の適用申請により、日本での社会保険加入が免除になる場合があります（☞ **Q202**）。

8. 海外法人が直接賃金を支払い、日本法人からは支払わない場合の社会保険の加入の当否

Q197

海外法人から日本法人に派遣された外国人労働者について、海外法人が直接賃金を支払い、日本法人は支払いません。社会保険に加入させる必要はありますか。

A 海外法人から賃金のすべてが支払われる場合、日本の社会保険の被保険者とはならないことが一般的です。年金事務所では、日本法人から直接本人に賃金が支払われているかどうかで判断されるケースがほとんどです。しかし、これらは状況に応じて個別に判断され、また年金事務所と健康保険組合で取扱いが異なる場合もあるため、保険者に確認することをお勧めします。

9. 海外在住のまま、在宅勤務を前提として雇用する場合の労働保険・社会保険の加入の当否

Q198

在宅勤務を前提として、海外在住のまま雇用したいのですが、労働保険や社会保険の加入は必要でしょうか。

A 現在の法制度では想定されていない働き方のため、法令等に規定されていませんが、労働保険は加入不要、社会保険への加入は必要と判断されることが多いようです。画一的なルールはないため、念のため管轄の公共職業安定所や年金事務所に確認することをお勧めします。

10. 外国人労働者の家族を健康保険の被扶養者とする可否

Q199

外国人の家族を健康保険の被扶養者にできますか。

A 日本人と同様、被扶養者に該当する条件を満たしている場合には、健康保険の被扶養者とすることができます。被扶養者に該当する条件は、日本国内に住所（住民票）を有しており（※1、※2）、被保険者により主として生計を維持されていること、ならびに下記 **(1)** 収入要件および **(2)** 同一世帯の条件のいずれにも該当した場合です。

(1)　収入要件

① 年間収入（※3）が130万円未満（60歳以上または障がい者の場合は年180万円未満）

② 【同居の場合】収入が扶養者（被保険者）の収入の半分未満（※4）

③ 【別居の場合】収入が扶養者（被保険者）からの仕送り額未満

(2)　同一世帯の条件

下記①に該当する者は同居していなくても被扶養者とすることができますが、②に該当する者は同居していなければ被扶養者とすることはできません。

① **被扶養者と同居していなくてもよい者**

（ア）　配偶者

（イ）　子・孫および兄弟姉妹

（ウ）　父母・祖父母などの直系尊属

② 被扶養者と同居している必要がある者

（ア）　①以外の3親等内の親族（伯叔父母・甥姪とその配偶者等）

（イ）　内縁関係の配偶者の父母および子（当該配偶者の死後、引き続き同居する場合も含みます）

※1　日本国内に住所を有しない海外在住の人でも、特例的に被扶養者として認定される場合があります（☞**Q200**）。

※2　日本国内に住所を有する場合でも、日本国籍を有しておらず、「特定活動（医療目的）」、「特定活動（長期観光）」で滞在する人は、被扶養者には該当しません。

※3　年間収入とは、過去の収入だけではなく、被扶養者に該当する時期および認定された月以降の年間の見込み収入額のことをいいます。見込み収入額には、雇用保険の失業等給付金、公的年金、健康保険の傷病年金や出産手当金等も含みます。

※4　収入が扶養者（被保険者）の収入の半分以上の場合であっても、扶養者（被保険者）の年間収入を上回らないときで、日本年金機構がその世帯の生計の状況を総合的に勘案して、扶養者（被保険者）がその世帯の生計維持の中心的役割を果たしていると認められるときは被扶養者となることがあります。

11. 外国人労働者の海外在住の家族を健康保険の被扶養者とする可否

Q200

労働者の海外在住の家族については、健康保険の被扶養者とすることはできますか。

Ａ　原則として、加入させることはできません。令和2年4月以

降、健康保険法の一部改正により健康保険の被扶養者は原則「日本に住民票のある方」に限定されています。

　ただし、日本国内に住所がないとしても、日本国内に生活の基礎があると認められる人は、特例的に被扶養者と認められることがあります。国内居住要件の例外となる人については以下の通りです。
① 　外国において留学をする学生
② 　外国に赴任する被保険者に同行する者
③ 　観光、保養またはボランティア活動その他就労以外の目的での一時的な海外渡航者
④ 　被保険者の海外赴任期間に当該被保険者との身分関係が生じた者で、②と同等と認められるもの
⑤ 　①から④までに掲げられるもののほか、渡航目的その他の事情を考慮して日本国内に生活の基礎があると認められる者

　この特例は「日本国内に生活の基礎があること」が前提で、日本国内に居住していた家族が上記の理由により一時的に海外に行くような場合などに、特例的に被扶養者として認められるものです。海外に生活の基礎がある海外在住の家族は対象になりません。

12. 厚生年金保険への加入を拒否した場合の対応

Q201

外国人が厚生年金保険への加入を拒否した場合にも加入させる必要はありますか。

A 　社会保険の加入対象に該当する場合には、本人が拒否していたとしても加入させる必要があります。

社会保険の対象者を加入させずにいて、後から年金事務所の調査などで未加入が発覚した場合、最大で過去2年に遡って加入させることになり、その期間の社会保険料も発生します。社会保険料は労働者が半分を負担するものであり、注意が必要です。遡って徴収する金額が相当な金額になるとトラブルに発展する可能性があります。

13. 社会保障協定の締結国から外国人労働者を受け入れる場合の留意点

Q202

社会保障協定を締結している国から外国人労働者を受け入れる場合の留意点について教えてください。

A　社会保障協定を締結している国から外国人労働者を受け入れる場合の社会保障制度（公的年金制度や公的医療保険制度等）の加入関係については、予定される派遣期間や、各国との社会保障協定の内容によって異なります。

　社会保障協定とは、外国で働く人たちの「保険料の二重負担の防止（二重加入防止）」および「保険料の掛け捨て防止のための年金加入期間の通算」を目的として、二国間で締結されるものです。

　社会保障協定締結国から派遣されてくる外国人労働者についても、原則として日本の社会保障制度への加入が必要です。ただし、5年以内の一時派遣であれば、派遣元国の社会保障制度にのみ加入し、日本の社会保障制度の加入は免除されます。

　二重加入防止の対象となる社会保障制度は、協定相手国によって異なるので注意が必要です。対象となっていない制度については、日本の制度の適用を受けます。

例えば、派遣元国がアメリカの場合は、公的年金制度と公的医療保険制度が二重加入防止の対象となっているので、アメリカから一時派遣されてくる外国人労働者については厚生年金保険も健康保険も加入が免除されます。しかし、中国の場合は、公的年金制度のみが二重加入防止の対象となっており、公的医療保険については対象外となっています。中国から派遣されてくる外国人労働者が社会保険の加入条件を満たしている場合、厚生年金保険への加入が免除されるとしても、健康保険への加入は必要となります。

　協定の対象となる社会保障制度など、社会保障協定の内容は相手国によって異なるので、必ず確認するようにしましょう。各国の社会保障協定の概要については、**図表4-5**の通りです。

●図表4-5　協定を結んでいる国と対象となる社会保障制度

相手国	年金加入期間の通算	二重加入防止の対象となる社会保障制度	
		日本	相手国
ドイツ	○	・公的年金制度	・公的年金制度
英国	―	・公的年金制度	・公的年金制度
韓国	―	・公的年金制度	・公的年金制度
アメリカ	○	・公的年金制度 ・公的医療保険制度	・公的年金制度 　（社会保障制度） ・公的医療保険制度 　（メディケア）
ベルギー	○	・公的年金制度 ・公的医療保険制度	・公的年金制度 ・公的医療保険制度 ・公的労災保険制度 ・公的雇用保険制度
フランス	○	・公的年金制度 ・公的医療保険制度	・公的年金制度 ・公的医療保険制度 ・公的労災保険制度

相手国	年金加入期間の通算	二重加入防止の対象となる社会保障制度	
		日本	相手国
カナダ	○	・公的年金制度	・公的年金制度 ※ケベック州年金制度を除く
オーストラリア	○	・公的年金制度	・退職年金保障制度
オランダ	○	・公的年金制度 ・公的医療保険制度	・公的年金制度 ・公的医療保険制度 ・公的雇用保険制度
チェコ	○	・公的年金制度 ・公的医療保険制度	・公的年金制度 ・公的医療保険制度 ・公的雇用保険制度
スペイン	○	・公的年金制度	・公的年金制度
アイルランド	○	・公的年金制度	・公的年金制度
ブラジル	○	・公的年金制度	・公的年金制度
スイス	○	・公的年金制度 ・公的医療保険制度	・公的年金制度 ・公的医療保険制度
ハンガリー	○	・公的年金制度 ・公的医療保険制度	・公的年金制度 ・公的医療保険制度 ・公的雇用保険制度
インド	○	・公的年金制度	・公的年金制度
ルクセンブルク	○	・公的年金制度 ・公的医療保険制度	・公的年金制度 ・公的医療保険制度 ・公的労災保険制度 ・公的雇用保険制度 ・公的介護保険 ・公的家族給付
フィリピン	○	・公的年金制度	・公的年金制度
スロバキア	○	・公的年金制度	・公的年金制度 ・公的医療保険制度 （現金給付） ・公的労災保険制度 ・公的雇用保険制度
中国	—	・公的年金制度	・公的年金制度（被用者基本老齢保険）

相手国	年金加入期間の通算	二重加入防止の対象となる社会保障制度	
		日本	相手国
フィンランド	○	・公的年金制度 ・公的雇用保険制度	・公的年金制度 ・公的雇用保険制度
スウェーデン	○	・公的年金制度	・公的年金制度
イタリア ※発効準備中	—	・公的年金制度 ・公的雇用保険制度	・公的年金制度 ・公的雇用保険制度

出典：日本年金機構ホームページ「協定を結んでいる国との協定発効時期及び対象となる社会保障制度」より、一部改変　※　令和4年10月時点

14. 社会保障協定により日本の社会保障制度への加入を免除される場合の手続き

Q203

社会保障協定により日本の社会保障制度への加入を免除される場合の手続きについて教えてください。

A 協定相手国の実施機関から、適用証明書の交付を受けておく必要があります（**資料4－2**）。それ以外に特別な手続きはありません。

交付申請が認められた場合、適用証明書が交付されるので、会社に提出してもらいます。年金事務所からの調査を受けた場合などには、適用証明書を提示することで、日本の社会保障制度への加入を免除されていることを証明することができます。

なお、加入が免除される社会保障制度は国によって異なります。健康保険のみ加入が必要となるケースもあるため、注意が必要です。

◆資料４−２　適用証明書の例（アメリカ）

USA/J 6

CERTIFICATE OF COVERAGE
適 用 証 明 書

UNITED STATES-JAPAN AGREEMENT ON SOCIAL SECURITY--ARTICLE 4
日米社会保障協定　第４条
ADMINISTRATIVE ARRANGEMENT ARTICLE 4
行政取決め第４条

1. INFORMATION ABOUT THE WORKER/　労働者に関する情報

    a.　Name/　氏名　　　　　　　　　　b.　Social Security Number/　社会保障番号

    c.　Country of Permanent Residence/　永住国

2. INFORMATION ABOUT THE EMPLOYER (SELF-EMPLOYMENT) IN THE UNITED STATES
米国における雇用主（自営業）に関する情報

    a.　Name/　氏名　　　　　　　　　　b.　Address/　所在地

3. INFORMATION ABOUT THE ~~EMPLOYER~~ (SELF-EMPLOYMENT) IN JAPAN
日本における雇用主（自営業）に関する情報

    a.　Name/　氏名　　　　　　　　　　b.　Address/　所在地

4. CERTIFICATION/　証明
The above employee or self-employed person meets the conditions in Article ＿＿＿ of the Agreement and remains subject to the laws of the United States regarding Social Security and is exempt from Japanese laws with respect to old-age, disability and survivors pensions for the period beginning ＿＿＿＿＿ and ending ＿＿＿＿＿ .
The employer or self-employed person has certified to the competent institution of the United States that the employee or self-employed person and any accompanying spouse and children are covered under appropriate insurance against the cost of health care in Japan. Therefore, the employee or self-employed person and any accompanying spouse and children are exempt from Japanese laws with respect to Japanese health insurance for the same period.

上記の被用者又は自営業者は、協定第＿＿＿条の条件に該当し、社会保障に関して米国法令が適用となり、
＿＿＿から＿＿＿の期間、老齢、障害、遺族年金にかかる日本法令の適用を免除される。
当該被用者の雇用主又は当該自営業者は、米国の実施機関に対して、当該被用者又は当該自営業者並びにその配偶者及び子が、日本における医療費に備える適切な保険に加入している旨を証明した。よって、当該被用者又は当該自営業者並びにその配偶者及び子は、上記の期間、日本の医療保険にかかる日本法令の適用を免除される。

5. COMPLETED BY THE SOCIAL SECURITY ADMINISTRATION
社会保障庁記入欄
    a.　Signature/　署名　　　　　　　　b.　Date and Seal/　日付及び印

Form SSA-＿＿＿＿＿＿ （＿/＿）

出典：日本年金機構「日・アメリカ社会保障協定　申請書一覧（加入免除手続き）」

15. 雇入れにあたっての健康診断の必要性

Q204

外国人労働者の雇入れにあたって、健康診断を実施する
必要はありますか。

A 　日本人と同じように、常時使用する外国人労働者を雇い入れる
場合には、健康診断を実施する必要があります（安衛法66、安衛
則43）。

　健康診断は「常時使用する労働者」が対象になります。次の①と
②の要件のいずれをも満たす場合には「常時使用する労働者」に該
当し、健康診断を実施する必要があります。

① 　期間の定めのない契約により使用される者であること。なお、
　期間の定めのある契約により使用される者の場合は、1年以上使
　用されることが予定されている者、および更新により1年以上使
　用されている者（なお、特定業務従事者の健康診断＜安衛則45
　条の健康診断＞の対象となる者の雇入時健康診断については、6
　か月以上使用されることが予定される、または更新により6か月
　以上使用されている者）

② 　その者の1週間の労働時間数が当該事業場において同種の業務
　に従事する通常の労働者の1週間の所定労働時間数の4分の3以
　上であること

　上記の②に該当しない場合であっても、上記の①に該当してお
り、1週間の労働時間数が、当該事業場において同種の業務に従事
する通常の労働者の1週間の所定労働時間数のおおむね2分の1以
上である者に対しては、一般健康診断を実施するのが望ましいとさ

れています。健康診断の実施にあたっては、健康診断の目的や内容について理解してもらえるよう説明をしましょう。日本語が得意ではない外国人労働者に対しては、母国語や共通語を用いるなどして、理解できる方法により説明することが望ましいです。

---

16. 外国人雇用状況届出書

Q205
外国人雇用状況届出書について教えてください。

A 事業主は、外国人を雇用するときや離職したときに、その氏名や在留資格などについて確認し、「外国人雇用状況届出書」をハローワークへ届け出ることが義務づけられています。

雇用保険の被保険者となる場合は、「雇用保険被保険者資格取得届」（**資料4-3**）の17欄から23欄に在留資格、在留期間、国籍・地域等を記入して提出します。雇用保険の被保険者とならない場合は「外国人雇用状況届出書」（**資料4-4**）を提出します。

なお、提出先は事業所の所在地を管轄するハローワークです。提出方法は窓口申請・郵送のほか、電子申請（外国人雇用状況届出システム）によることもできます。届出期限は、資格取得届については雇用した日の翌月10日まで、「外国人雇用状況届出書」については雇用した日の翌月末までです。

◆資料4-3　雇用保険　被保険者資格取得届

様式第2号（第6条関係）

標準字体 0 1 2 3 4 5 6 7 8 9

雇用保険被保険者資格取得届

（必ず第2面の注意事項を読んでから記載してください。）

帳票種別
1 9 1 0 1

1. 個人番号 ☐☐☐☐☐☐☐☐☐☐☐☐

2. 被保険者番号 ☐☐☐☐☐ー☐☐☐☐☐☐ー☐

3. 取得区分 ☐
（1 新規
2 再取得）

4. 被保険者氏名　　フリガナ（カタカナ）

5. 変更後の氏名　　フリガナ（カタカナ）

6. 性別 ☐
（1 男
2 女）

7. 生年月日 ☐ー☐☐ー☐☐
（2 大正
3 昭和
4 平成
5 令和）
元号　　年　　月　　日

8. 事業所番号 ☐☐☐☐ー☐☐☐☐☐☐ー☐

9. 被保険者となったことの原因 ☐

10. 賃金（支払の態様一賃金月額：単位千円）☐ー☐☐☐☐
百万 十万 万 千円
（1 月給 2 週給 3 日給
4 時間給 5 その他）

11. 資格取得年月日 ☐ー☐☐ー☐☐
（4 平成
5 令和）
元号　　年　　月　　日

（1 新規（新規雇用／学卒）
2 新規（その他）雇用
3 日雇からの切替
4 その他
8 出向元への復帰等（65歳以上））

12. 雇用形態 ☐
（1 日雇　2 派遣
3 パートタイム 4 有期契約
5 季節的雇用　労働者
6 船員　7 その他）

13. 職種 ☐☐
（01～11）
第2面参照

14. 就職経路 ☐
（1 安定所紹介
2 自己就職
3 民間紹介
4 把握していない）

15. 1 週間の所定労働時間 ☐☐☐ ☐☐
時間　　分

16. 契約期間の定め ☐
1 有 — 契約期間 ☐ー☐☐ー☐☐ から ☐ー☐☐ー☐☐ まで
元号　年　月　日　　　　元号　年　月　日
（4 平成　5 令和）
契約更新条項の有無 ☐（1 有 2 無）
2 無

事業所名 [　　　　]　　備考 [　　　　]

──────17欄から23欄までは、被保険者が外国人の場合のみ記入してください。──────

17. 被保険者氏名（ローマ字）（アルファベット大文字で記入してください。）

被保険者氏名〔続き（ローマ字）〕

18. 在留カードの番号（在留カードの右上に記載されている12桁の英数字）

19. 在留期間 ☐ー☐☐ー☐☐ まで
西暦　年　月　日

20. 資格外活動の許可の有無 ☐（1 有 2 無）

21. 派遣・請負就労区分 ☐
（1 派遣・請負労働者として、主として当該事業所以外で就労する場合
2 1に該当しない場合）

22. 国籍・地域（　　　　）

23. 在留資格（　　　　）

※公安定職業所欄

24. 取得時被保険者種類 ☐
（1 一般
2 短期常略
3 季節
11 高年齢被保険者（65歳以上））

25. 番号複数取得チェック不要 ☐
チェック・リストが出力されたが、調査の結果、同一人でなかった場合に「1」を記入。

26. 国籍・地域コード ☐☐☐
22欄に対応するコードを記入

27. 在留資格コード ☐☐
23欄に対応するコードを記入

雇用保険法施行規則第6条第1項の規定により上記のとおり届けます。

住所
事業主 氏名
電話番号

令和　　年　　月　　日

公共職業安定所長　殿

※備考

社会保険労務士記載欄	作成年月日・提出代行者・事務代理者の表示	氏　名	電話番号

※	所長	次長	課長	係長	係	操作者

確認通知　令和　　年　　月　　日

2021. 9

◆資料4-4 外国人雇用状況届出書

様式第3号（第10条関係）（表面）

雇　　入　　れ

離　　　　　職

に係る外国人雇用状況届出書

フリガナ（カタカナ）			
①外国人の氏名 （ローマ字）	姓	名	ミドルネーム
②①の者の在留資格		③①の者の在留期間 （期限） （西暦）	年　　月　　日 まで
④①の者の生年月日 （西暦）	年　　月　　日	⑤①の者の性別	1 男 ・ 2 女
⑥①の者の国籍・地域		⑦①の者の資格外 活動許可の有無	1 有 ・ 2 無
⑧①の者の 在留カードの番号 （在留カードの右上に記載され ている12桁の英数字）			

雇入れ年月日 （西暦）	年　　月　　日	離職年月日 （西暦）	年　　月　　日
	年　　月　　日		年　　月　　日
	年　　月　　日		年　　月　　日

労働施策の総合的な推進並びに労働者の雇用の安定及び職業生活の充実等に関する法律施行規則第10条第3項の規定により上記のとおり届けます。

年　　月　　日

事業主	事業所の名称、 所在地、電話番号等	雇入れ又は離職に係る事業所　　雇用保険適用事業所番号 □□□□-□□□□□□-□ （名称）　　　　　　　　　　　　①の者が主として左記以外 　　　　　　　　　　　　　　　　の事業所で就労する場合 （所在地）　　　　　　　　　　　□ 主たる事務所 （名称）　　　　　　　　　TEL （所在地） 　　　　　　　　　　　　　TEL
	氏名	

社会保険 労務士 記載欄	作成年月日・提出代行者・事務代理者の表示	氏名	公共職業安定所長　　殿

17. 国民年金への加入が必要になる要件

Q206

外国人労働者が、国民年金への加入が必要になる場合はありますか。

A 日本に住む20歳以上60歳未満の人は、外国人を含めて日本の年金制度に加入し、保険料を納めることが義務づけられています。20歳以降に日本に住民登録をした外国人は、日本に上陸した日から原則として14日以内に手続きが必要です（20歳前から日本に住んでいて、平成11年10月2日生まれ以降の外国人については、手続き不要です）。

(1) 被保険者の分類

国民年金の被保険者については、次の3種類に分類されます（**図表4－6**）。

●図表4－6 被保険者の種別

被保険者の種別	概要
第1号被保険者	国内に住所を有する20歳以上60歳未満の者で、第2号・第3号被保険者以外の者
第2号被保険者	会社員など厚生年金・共済の加入者
第3号被保険者	第2号被保険者に扶養される配偶者

第2号にも第3号にもならない場合は、国民年金の加入と保険料の納付が必要です。第2号被保険者になる場合であっても、日本に入国してから厚生年金に加入するまでの間は国民年金の加入が必要となります。

(2)　国民年金保険料の支払義務について

　被保険者種別のうち、第1号被保険者については、自ら国民年金保険料を納める必要があります。住民登録をした日と厚生年金の被保険者となった日が同じ月に属するのであれば、自ら国民年金保険料を納める必要はありませんが、別の月であれば国民年金保険料を支払う必要があります。

　また、国民年金保険料の納付が困難なときは、保険料免除・納付猶予申請、学生納付特例申請ができます。詳しくは、住民登録をされた市区町村にご確認ください。

(3)　国民年金への加入が不要となる場合

　社会保障協定により、日本の年金制度への加入が不要となることがあります。

18.　国民健康保険への加入が必要になる要件

Q207

外国人労働者が、国民健康保険への加入が必要になる場合はありますか。

A　短時間労働者など社会保険の対象とならない外国人で、3か月を超えて日本に滞在する場合には、国民健康保険に加入し、国民健康保険料を支払う必要があります。

　ただし、社会保障協定により、日本の医療保険制度への加入が不要となることがあります。

V 採用後の 人事労務管理

1. 日本人とは異なる労働条件で働かせる可否

Q208

外国人を日本人とは異なる労働条件で働かせてもよいでしょうか。

A 外国人であることを理由とした差別的取扱いは、労基法3条により禁止されています。賃金面での差別的取扱いのみならず、他の労働条件についても不合理な格差がないようにしましょう。

例えば、日本人が利用できる休職制度を、外国人だからという理由だけで利用させないことは差別的取扱いとされる可能性があります。一方で、外国人の文化や宗教等に配慮するために、合理的な範囲内で日本人とは異なる取扱いをすることは問題ありません。例えば、イスラム教徒に対して礼拝のための時間を与えたり、中国人が旧正月に休めるように年末年始休暇をずらしたりすることは問題ありません。

2. 残業を命じる可否

Q209

　　外国人労働者に残業を命じてもよいでしょうか。

A　日本人と同様、時間外・休日労働に関する協定（いわゆる36協定）の締結・届出をしており、雇用契約書や就業規則等により時間外労働をさせる場合がある旨が規定されている場合には、残業を命じることができます。

　ただし、日本人にとって時間外労働は当たり前のように感じられるかもしれませんが、外国人にとっては必ずしも当たり前のことではありません。雇用契約書での明示や口頭での説明により、残業を行うことがある旨を理解してもらう必要があります。

3. 変形労働時間制や裁量労働制等の適用の可否

Q210

　　変形労働時間制や裁量労働制などの制度を適用することはできますか。

A　外国人に対しても、変形労働時間制や裁量労働制などの制度を適用することは可能です。これらの制度の適用に必要な労使協定や労働基準監督署への届出がされているのであれば、外国人への適用にあたっては特別な手続きは必要ありません。

4. 配置転換の可否

Q211
外国人労働者に配置転換を命じてもよいでしょうか。

A 雇用契約書や就業規則等に配置転換がある旨の規定があり、かつ在留資格に定められた範囲内であれば可能です。

しかし外国人労働者は、在留資格の範囲内でしか就労することができません。したがって、配置転換を命じることができたとしても、在留資格の範囲内で行う必要があります。在留資格の範囲外の職種への転換を命じる場合には、在留資格の変更許可申請をして、必要な在留資格を取得しなければなりません。在留資格の変更許可申請ができなかった場合、配置転換を行うことはできませんし、それを理由として解雇することもできないと考えられます。

日本では様々な職種を経験しながらキャリアアップしていくことが一般的ですが、外国でもそうとは限りません。特に欧米では、職種や勤務地を限定して働くことが多いため、配置転換の可能性を認識していないことがあります。また、一定のキャリアを積んできた高度外国人材は、自身の専門性を活用しながらキャリアアップしていきたいと考えている傾向があります。そのため、一方的に配置転換を命じるとトラブルに発展するおそれがあります。

どうしても配置転換が必要な場合、雇用契約書や就業規則に配置転換について規定されていることを確認した上で、まずは相手に理解してもらえるように丁寧に説明し、納得してもらえるように努めましょう。納得が得られない場合には、解雇を含む処分を検討することになります。

5. 素行不良や業務命令違反への対応

Q212

素行不良や業務命令違反に対しては、どのように対応するべきでしょうか。懲戒処分を行ってもよいですか。

A 一般的に素行不良や業務命令違反に対しては、口頭や書面での注意指導を行い、それでも改善が見られない場合には懲戒処分を検討します。最初は口頭での注意でも構いませんが、繰り返し問題行動を起こす場合には、その都度注意指導を行い、文書などの客観的記録を残すようにしましょう。

通常、刑法に規定する犯罪または行政罰の対象となるような行為を行った場合は別として、いきなり懲戒解雇をすることはありません。最初は軽い懲戒処分により改善を促し、問題行動が繰り返されるごとに、より重い懲戒処分を行うのが一般的です。

外国と日本では雇用慣行や価値観が異なりますから、最初から日本人と同じように働くことを期待するのは難しいこともあります。日本人にとっての当たり前が通用するとは考えず、まずは日本での働き方を理解してもらえるように、指導や教育を行いましょう。

十分な教育指導がないまま懲戒処分を行うと、トラブルに発展するリスクが高くなります。また、使用者が注意や指導を行っていたかどうかは、懲戒処分が有効かどうかの判断要素となります。十分な注意や指導が行われないまま懲戒処分を行うと、不当な処分として無効であると判断される可能性もあります。

6. 教育を日本語で行う可否

Q213
外国人の教育は、日本語で行ってもよいでしょうか。

A 相手に理解できるように教育を行う必要があります。日本語が堪能な外国人労働者に対しては、日本語で教育しても問題ありませんが、日本語が理解できなかったり、得意ではなかったりする場合には、相手の母国語や共通語を用いるなどの配慮が必要です。

外国人雇用管理指針においても「事業主は、外国人労働者が、在留資格の範囲内でその能力を有効に発揮しつつ就労することが可能となるよう、教育訓練の実施その他必要な措置を講ずるように努めるとともに、母国語での導入研修の実施等働きやすい職場環境の整備に努めること」と定められています。

常に相手の言語に合わせる法的義務はありませんが、外国人を積極的に活用していくためには、理解できる言語での研修を実施するなど、働きやすい職場環境の整備が必要となります。

7. 安全衛生管理における留意点

Q214
外国人労働者の安全衛生管理の留意点を教えてください。

A 安全衛生教育にあたっては、外国人労働者が理解できる言語や方法で行いましょう。会社は、外国人労働者に対しても安全配慮義

務を負うため、相手が理解できるように教育をする必要があります。外国人雇用管理指針では、安全衛生の確保について次のように定められています。

◆外国人雇用管理指針　第四の三　安全衛生の確保　抜粋

三　安全衛生の確保
1　安全衛生教育の実施
事業主は、労働安全衛生法等の定めるところにより外国人労働者に対し安全衛生教育を実施するに当たっては、母国語等を用いる、視聴覚教材を用いる等、当該外国人労働者がその内容を理解できる方法により行うこと。特に、外国人労働者に使用させる機械等、原材料等の危険性又は有害性及びこれらの取扱方法等が確実に理解されるよう留意すること。
2　労働災害防止のための日本語教育等の実施
事業主は、外国人労働者が労働災害防止のための指示等を理解することができるようにするため、必要な日本語及び基本的な合図等を習得させるよう努めること。
3　労働災害防止に関する標識、掲示等
事業主は、事業場内における労働災害防止に関する標識、掲示等について、図解等の方法を用いる等、外国人労働者がその内容を理解できる方法により行うよう努めること。
4　健康診断の実施等
事業主は、労働安全衛生法等の定めるところにより外国人労働者に対して健康診断、面接指導及び心理的な負担の程度を把握するための検査を実施すること。実施に当たっては、これらの目的・内容を、母国語等を用いる等、当該外国人労働者が理解できる方法により説明するよう努めること。また、外国人労働者に対しこれらの結果に基づく事後措置を実施するときは、その結果並びに事後措置の必要性及び内容を当該外国人労働者が理解できる方法により説明するよう努めること。
5　健康指導及び健康相談の実施
事業主は、産業医、衛生管理者等を活用して外国人労働者に対して健康指導及び健康相談を行うよう努めること。

6　母性保護等に関する措置の実施

事業主は、女性である外国人労働者に対し、労働基準法、男女雇用機会均等法等の定めるところにより、産前及び産後休業、妊娠中の外国人労働者が請求した際の軽易な業務への転換、妊産婦である外国人労働者が請求した場合の時間外労働等の制限、妊娠中及び出産後の健康管理に関する措置等、必要な措置を講ずること。

7　労働安全衛生法等の周知

事業主は、労働安全衛生法等の定めるところにより、その内容について周知すること。その際には、分かりやすい説明書を用いる、母国語等を用いて説明する等、外国人労働者の理解を促進するため必要な配慮をするよう努めること。

　外国人雇用管理指針に記載されている通り、会社には、外国人労働者が理解できる言語を用いたり、日本語教育等を実施したりするなどの措置をとることが求められています。

　これらの措置を実施せずに労働災害等が起きてしまった場合、安全配慮義務違反により損害賠償責任を負う可能性があります。

　実際の裁判例においても、中国人研修生が労災事故にあって会社に対して損害賠償を請求した事件で、会社の安全配慮義務違反と損害賠償責任が認められたものがあります。この事件において、裁判所は「原告は中国人であり、日本語をほとんど理解できず、また、研修生として来日した者であることを考慮すると、作業手順や注意事項及び事故発生時における対応等について、中国語で記載した書面を交付するか、中国語で説明した上、その内容・意味を正確に理解していることを確認するのでなければ、安全教育としては不十分であって、安全配慮義務を尽くしているとはいえないというべきである」（名古屋地判平成25年2月7日）と判断しています。

　以上のように、外国人労働者の安全衛生の確保に関しては、相手が理解できる言語で書かれた書面等を交付したり、危険のある場所

に注意書を貼っておいたりするなど、事故が起こらないように配慮する必要があります。また、トラブルに備えて、教育をした際に客観的記録を残しておくことも必要です。

8. 有給休暇を付与する必要性

Q215

外国人労働者に対しても、有給休暇を与える必要はありますか。

A 外国人労働者に対しても、日本人労働者と同じように、勤続年数や所定労働日数に応じた年次有給休暇を付与する必要があります。

9. 育児休業や介護休業を付与する必要性

Q216

外国人労働者から育児休業や介護休業の取得申請がありました。応じる必要はありますか。

A 外国人労働者に対しても、育児介護休業法が適用されますから、育児休業や介護休業の申請があった場合には、認める必要があります。育児介護休業法のみならず、子の看護休暇、介護休暇、育児や介護のための短時間勤務制度などの諸制度についても、申請があれば応じる必要があります。

10. 文化的・宗教的な配慮

Q217

外国人労働者に対して、文化的・宗教的な配慮をする必要はありますか。また、どのようなことに配慮したらよいでしょうか。

A 法的な義務はありませんが、外国人を受け入れる際には、宗教や文化の違いに配慮することが重要です。

宗教や文化の違いに配慮することで、外国人はより安心して働けるようになります。日本人の従業員に対しても、異なる国の文化や宗教を尊重できるように、各国の宗教や文化について勉強する機会を設けることで、外国人の活用・定着の促進につながります。

(1) 宗教的な配慮について

例えば、イスラム教信者の労働者に対して礼拝の時間を与え、礼拝室や身を清めるためのシャワー室を設置するといった取組みをしている事例があります。礼拝のための時間は休憩時間として扱い、労働時間として計上する必要はありません。また、豚肉を食べることができないため、社員食堂がある場合には豚肉を使用した食材であることがわかるようにするなどの工夫をすることが考えられます。また、ユダヤ教では土曜日を安息日としており一切の労働が禁じられているため、休日出勤を命じないように配慮したほうがよいでしょう。

(2) 文化的な配慮について

外国人労働者の母国の風習については理解しておきましょう。特

に、休暇の取得方法・時期は検討しておいたほうがよいです。日本人にとっては馴染みのある休暇であっても、外国人にとってはそうではありません。

　例えば、中国人だと旧正月に帰省したいと考える人も多いので、年末年始の時期に出勤してもらう代わりに、旧正月に休暇が取得できるように配慮することが考えられます。欧米ではクリスマス休暇があり、日本の年末年始と同じように家族と過ごします。国によって差がありますが、アメリカでは12月20日頃から1月1日頃まで休むようです。

11. 定期健康診断やストレスチェック実施の必要性

Q218
定期健康診断やストレスチェックは受けさせる必要はありますか。

A　日本人と同じように、常時使用する労働者に対しては、定期健康診断を受けさせる必要があります。また、常時使用する労働者が50人以上の事業場などストレスチェックを実施している場合は、常時使用する外国人労働者もその対象となります。

12. 副業・兼業の申出への対応

Q219

外国人労働者から副業・兼業の申出がありました。
留意すべき事項について教えてください。

A まずは副業・兼業を認めた場合に、自社の業務に支障を来したり、職場の秩序を乱したりすることがないか検討しましょう。

外国人労働者の場合には、在留資格についても確認する必要があります。外国人は、在留資格で認められた範囲内でしか活動することができません。副業・兼業が在留資格で認められた範囲外である場合には、出入国在留管理局に資格外活動許可申請を行って、許可を得た上で行う必要があります。

また、資格外活動許可の申請をしてから許可を受けられるまで、2週間から2か月程度かかります。当然ですが、許可を受ける前に副業・兼業を行ってしまうと違法な資格外活動になってしまいます。

許可なく資格外活動を行った場合、本人に対して資格外活動罪により罰則が適用されることがあり、強制送還の対象となってしまう可能性もあります。副業・兼業の内容が資格外活動にあたる場合は、実際に資格外活動許可を受けていることを条件に認めるようにしましょう。

13. 外国人労働者の有期雇用から無期雇用への転換

Q220

有期雇用の外国人労働者から無期雇用への転換を求められました。応じる必要はありますか。

A 外国人に対しても、無期転換ルールが適用されます。当該労働者との有期雇用契約が通算5年（平成25年4月1日以降に開始した契約からカウントします）を超えて更新されている場合には、無期転換の申込みに応じる必要があります。

14. 雇用労務責任者

Q221

外国人を常時10人以上雇用するときは、雇用労務責任者を設置しなければならないと聞きました。
具体的にどのようなものか教えてください。

A 外国人雇用管理指針には「事業主は、外国人労働者を常時10人以上雇用するときは、この指針の第四に定める事項等を管理させるため、人事課長等を雇用労務責任者（外国人労働者の雇用管理に関する責任者をいう。）として選任すること」と定められています。

雇用労務責任者は、募集・採用の適正化、適正な労働条件の確保、安全衛生の確保、労働保険・社会保険の適用など、外国人労働者の雇用管理の改善等に関して事業主が講ずべき必要な措置等を管理する必要があります。

15. 労働組合に加入した外国人による団体交渉への対応

Q222

外国人が労働組合に加入し、団体交渉を求めてきました。応じる必要はありますか。

A 雇用している外国人が労働組合に加入し、その労働組合から団体交渉の申入れがあった場合、これに応じる必要があります。

解雇した元労働者についても、退職してから社会通念上合理的な期間内になされる団体交渉の申入れについては、応じる必要があるでしょう。

退職後に長期間が経過してから労働組合に加入して団体交渉を申し込んできた場合でも、そうすることについてやむを得ない事由がある場合には、団体交渉に応じなければならないことがあります。例えば、アスベスト被害のような非常に長い潜伏期間を経てから症状が発生するようなものについては、退職後から長期間経過していても、団体交渉の申入れに応じる必要性が生じる場合があります。

16. 団体交渉における使用言語

Q223

外国人との団体交渉における使用言語について、母国語や共通語である必要はありますか。

A 必ずしも相手の母国語や共通語である必要はありませんが、相手方との交渉が円滑に行われるよう配慮が必要です。

本件については、東京都労働委員会の事案で、「法人は、組合らが団体交渉におけるルールを交渉議題とする団体交渉を申し入れたときは、日本語による交渉ならびに同組合らによる通訳者の手配および同行という条件に固執することなく、誠実に団体交渉に応ずること」と命令されたものがあります。

　この事案では、東京学芸大学の附属国際中等学校に勤務する外国人教師が労働組合に加入して、学校側に団体交渉を申し入れていました。この際、組合側は英語による団体交渉を求めましたが、学校側は日本語での交渉を求め、組合側にて通訳を手配するように求めました。実際の団体交渉では、組合側は英語で話し、大学側は日本語で話していたため円滑な意思疎通ができませんでした。その後も学校側は日本語による交渉および組合側による通訳の手配という要求を譲らず、交渉は打ち切られました。

　上記の事案に対して、東京労働委員会は、「本件の団体交渉において、使用言語を一義的に決めることはできず、また、通訳者の手配については、円滑な団体交渉を行う上で必要不可欠であり、労使の一方がその全ての負担を負うべきものということはできない。このことに加え、団体交渉のルールは労使の合意で決定するのが原則であることからすると、本件労使間においては、団体交渉における使用言語等について、労使双方に合意形成のための相応の努力が求められていたといえる」と判断しています。

　したがって、団体交渉における使用言語については、必ずしも外国語とする義務はありませんが、日本語でなければ応じないなどの一方的な主張は避け、合意形成のために妥協点を模索する努力が求められます。

17. 社宅を貸与した場合の社会保険料の取扱い

Q224

外国人労働者に社宅を貸与した場合、社会保険料の取扱いはどのようになりますか。

A 社宅を貸与している場合、これは現物給与に当たります。現物給与については、都道府県ごとに厚生労働大臣が定める額を報酬等として、保険料の算定の基礎に含めなければなりません。ただし、現物給与の価格以上の額を、社宅費用として本人の賃金から控除している場合は、報酬等に含める必要はありません。

　例えば、東京都における1人1か月当たりの住宅の利益の額は、畳1畳につき2,830円（令和4年10月時点）となっています（現物給与の価格は居住スペースを対象として算出します）。居住用スペースが10畳の社宅を貸与している場合、現物給与の価格は28,300円になります。本人から社宅費用が徴収されてない場合、標準報酬月額を求める際には、毎月の給与に、現物給与として28,300円を報酬に算入します。社宅費用として毎月28,300円以上を本人から徴収している場合には、28,300円を現物給与として報酬に算入する必要はありません。

18. 外国人労働者が失踪した場合の対応

Q225

外国人労働者が失踪してしまいました。どのように対処したらよいでしょうか。

A 失踪してしまった外国人労働者が技能実習生の場合は、まず監理団体に報告する必要があります（☞**Q139**）。その後は監理団体と協力して行方を捜します。

家族や友人などの連絡先を確認している場合は、連絡をして聴き取りをすることもできます。それでも行方がわからない場合は、出入国在留管理局にも報告します。何らかの事件に巻き込まれている可能性がある場合は、警察にも相談をしておきます。

失踪者に対する退職手続は、原則として就業規則に基づいて行うことになります。例えば就業規則に「行方不明になって30日間が経過したとき、自然退職とする」という規定を設けていれば、それに従って退職扱いとすることができます。そのような規定がない場合は解雇をすることになります。法的には、解雇手続には相手方に解雇の意思表示が到達しなければならないとされており、公示送達による意思表示が必要となります。公示送達は手間がかかるため、就業規則には失踪などにより無断欠勤が続く場合の取扱いについて定めておくことをお勧めします。

なお、失踪するまでに労働した分の賃金については支払う必要があります。

VI　退職・解雇

1.　退職する外国人労働者本人との手続き

Q226

外国人労働者が退職することになりました。労働者本人との手続きについて教えてください。

A　基本的な手続きについては日本人と変わりません。日本人と同様に、退職証明書や解雇理由証明書を求められた場合には遅滞なく応じる必要があります。また、解雇の場合には、30日前の解雇予告を行わなければなりません。

外国人の場合は言語の理解が難しいこともあるので、誤解が生じないように十分に準備をする必要があります。退職合意書や解雇通知書などの書類を用意したりする際には、相手にも理解のできる言語で作成することが望ましいです。

2. 在留資格期間満了に伴う解雇の可否

Q227

外国人労働者の在留資格の期間が満了しました。解雇しても問題ないでしょうか。

A 当該外国人労働者を解雇することは問題ありません。在留資格期間が満了となった場合、当該外国人は日本で就労することができなくなります。当該外国人の雇用を継続してしまうと、使用者も不法就労助長罪に該当してしまいます。このような場合は、解雇をする客観的合理性が認められるでしょう。

3. 日本語能力の低さに起因するコミュニケーションの問題から解雇をする可否

Q228

外国人労働者の日本語能力が低く、コミュニケーションに難があります。解雇しても問題ないでしょうか。

A 日本語能力が高いことを前提に即戦力として雇用していた場合で、予定されていた能力をまったく有しておらず、改善の見込みもないような場合には、解雇が有効であると認められる可能性もあります。

　実際の裁判例でも、職歴に着目し、業務上必要な日本語・英語の語学力、品質管理能力を備えた即戦力となる人材であると判断して品質管理部海外顧客担当で主事1級という待遇で採用した人材が、期待していた日英の語学力が不足しており、またそれを改善しよう

ともせず、業務命令違反や勤務態度不良もあったケースで、解雇を有効としたものがあります。

　一方で、新卒採用など長期雇用を前提とした採用の場合には、まずは教育や指導を行ったり、他部署への配置転換を検討したりするなどの解雇回避措置を行わなければ、解雇権の濫用であると判断される可能性が上がります。

4. 業績の悪化による外国人労働者の整理解雇の可否

Q229

業績の悪化により人員削減の必要があります。外国人労働者を整理解雇（リストラ）して問題ないでしょうか。

Ａ　外国人という理由だけでは無効となる可能性があります。

　整理解雇をする場合、人員削減の必要性があり、解雇回避のための努力を尽くし、労働組合や労働者への説明・協議を十分に行った上で、当該外国人を整理解雇の対象とすることが妥当であると判断される必要があります。整理解雇の有効性は、次の4つの要素を総合的に考慮して判断されます。
① 　人員削減の必要性
② 　解雇回避努力義務を尽くしたか
③ 　被解雇者選定の妥当性
④ 　手続きの妥当性

　外国人労働者を対象としようとする場合、上記のうち「③ 　被解雇者選定の妥当性」が認められるかどうかが問題となります。裁判例では、規律違反歴、勤続年数、年齢等の客観的に合理的な基準を

設定し、それにより公正に選定が行われていれば、妥当だと認められることが多いです。

　しかし、外国人であることのみを理由として整理解雇の対象とすることは妥当であるとは認められず、国籍を理由とした差別的取扱いとして労基法3条違反により無効となる可能性があります。

5.　懲戒解雇する場合の留意点

Q230
　外国人労働者を懲戒解雇する際に留意すべき点を教えてください。

A　日本人を懲戒解雇するときと同様に、懲戒解雇は一定の要件を満たすことが必要とされています。

① 　就業規則に、具体的な懲戒事由と懲戒手段が定められており、いかなる場合に懲戒解雇となり得るかが定められていること。また、これが周知されていること

② 　就業規則に定めた懲戒解雇事由に該当する行為があったこと

③ 　懲戒解雇の対象となった労働者の行為が、懲戒解雇に該当する「客観的に合理的な理由」が存在しており、懲戒解雇をすることが「社会通念上相当」であること

④ 　弁明の機会を与えるなど、就業規則に規定された手続きを踏んでいること

Ⅶ 退職後の手続き

1. 外国人労働者の退職後、行政機関に対して行う手続き

Q231
　外国人労働者が退職した後、行政機関に対してはどのような手続きが必要でしょうか。

A　日本人労働者と同様の手続きが必要となります。加えて、外国人雇用状況の届出も必要となります（雇用保険の被保険者である場合、「雇用保険被保険者資格喪失届」にローマ字表記の氏名、在留カードの番号、在留期間、就労区分、国籍、在留資格を記入します）。届出先ごとに手続きをまとめた**図表4−7**を参照してください。

●図表4−7　手続き　一覧
(1)　ハローワークに届け出るもの

届出名	提出期限
【雇用保険の被保険者である場合】 雇用保険　被保険者資格喪失届	退職日の翌日から10日以内
【雇用保険の被保険者で、離職票の発行を希望する場合】 雇用保険　被保険者離職証明書	退職日の翌日から10日以内
【雇用保険の被保険者ではない場合】 外国人雇用状況届出書	退職日の翌月の末日まで

（2） 年金事務所に届け出るもの（社会保険の被保険者である場合のみ）

届出名	提出期限
健康保険・厚生年金保険　被保険者資格喪失届	退職日の翌日から5日以内

（3） 出入国在留管理局に届け出るもの

届出名	提出期限
中長期在留者の受入れに関する届出 　※ハローワークに「雇用保険被保険者資格喪失届」または「外国人雇用状況届出書」の届出をしている場合は提出不要	就労開始日から14日以内

（4） 市町村に届け出るもの

届出名	提出期限
【住民税の特別徴収をしていた場合】 給与所得者異動届書	異動月の翌月10日まで

2. 退職した外国人労働者に退職金を支払う必要性

Q232

退職した外国人労働者に対して、退職金を支払う必要はありますか。

A　退職金規程に従い、支給条件を満たす場合は支払う必要があります。また、労基法3条により外国人であることを理由として支給対象から除外することできません。

3. 社会保険に加入していた外国人労働者が
　退職して帰国する場合の保険料の払戻し

Q233

　社会保険に加入していた外国人労働者が退職して帰国することになりました。保険料の払戻しを受けることはできますか。

A　外国人の年金納付済期間が10年に満たないまま出国する場合、脱退一時金として保険料の一部の支給を受けることができます。

(1)　脱退一時金とは

　老齢基礎年金や老齢厚生年金を受給するためには、保険料の納付済期間が10年以上あることが必要とされます。この条件を満たせなかった場合に、保険料が掛け捨てとならないように、脱退一時金という制度があります。この制度を利用することで、脱退一時金として、保険料の一部を受け取ることができます。

(2)　脱退一時金を受ける要件

①　国民年金の場合

（ア）　下記を合算した第1号被保険者期間が6か月以上あること

保険料納付済期間の月数
＋保険料4分の1免除期間の月数×4分の3
＋保険料半額免除期間の月数×2分の1
＋保険料4分の3免除期間の月数×4分の1

（イ）　日本国籍を有しないこと

（ウ）　日本国内に住所を有していないこと

（エ）　老齢基礎年金の受給資格期間を満たしていないこと

（オ）　障害基礎年金などの年金を受ける権利を有したことがないこと

（カ）　国民年金・厚生年金の被保険者ではないこと

（キ）　最後に公的年金制度の被保険者資格を喪失した日から2年以上経過していないこと（資格喪失日に日本国内に住所を有していた場合は、同日後に初めて、日本国内に住所を有しなくなった日から2年以上経過していないこと）

② **厚生年金の場合**

（ア）　厚生年金保険・共済組合等の加入期間が6か月以上あること

（イ）　日本国籍を有しないこと

（ウ）　日本国内に住所を有していないこと

（エ）　障害厚生年金などの年金を受ける権利を有したことがないこと

（オ）　国民年金・厚生年金の被保険者ではないこと

（カ）　最後に公的年金制度の被保険者資格を喪失した日から2年以上経過していないこと（資格喪失日に日本国内に住所を有していた場合は、同日後に初めて、日本国内に住所を有しなくなった日から2年以上経過していないこと）

（3）　脱退一時金の金額

①　国民年金の場合

　国民年金の脱退一時金は、最後に保険料を納付した月が属する年度の保険料額と保険料納付済期間等の月数に応じて計算します。

> 最後に保険料を納付した月が属する年度の保険料額×2分の1
> ×支給額計算に用いる数

②　厚生年金の場合

　厚生年金の脱退一時金は、被保険者であった期間の平均報酬月額に、支給率をかけたものです。

> 被保険者であった期間の標準報酬月額
> ×支給率（保険料率×2分の1×支給額計算に用いる数）

　被保険者であった期間の標準報酬月額は、以下を合算した額を、被保険者期間の月数で除した金額です。
（ア）　平成15年4月より前の被保険者期間の標準報酬月額に1.3を乗じた額
（イ）　平成15年4月以後の被保険者期間の標準報酬月額および標準賞与額を合算した額

　支給額計算に用いる数は、保険料納付済期間に応じて、**図表4－8**の通りとなります。

●図表4－8　保険料納付済期間に応じた支給額計算に用いる数

保険料納付済期間等の月数	支給額計算に用いる数　※
6月以上12月未満	6
12月以上18月未満	12
18月以上24月未満	18
24月以上30月未満	24
30月以上36月未満	30
36月以上42月未満	36
42月以上48月未満	42
48月以上54月未満	48
54月以上60月未満	54
60月以上	60

※　保険料の一部免除を受けつつ納付した期間があった場合は、免除の
種類に応じた期間が合算されます。最後に保険料を納付したのが令和
3年3月以前の場合は、支給額計算に用いる数は最大36までです。

4. 脱退一時金の請求方法

Q234

脱退一時金の請求方法について教えてください。

A　脱退一時金を請求する場合は、日本年金機構等に脱退一時金請
求書と添付書類を送付します。脱退一時金請求書は、日本年金機構
のホームページまたは各地の年金事務所や年金相談センターから、
各国語と日本語が併記された様式を入手することができます。ま
た、添付書類については以下の通りです。

① 　パスポートの写し
② 　日本国内に住所を有しないことが確認できる書類（住民票の除票の写しや出国日が確認できるページの写し）
③ 　請求者の受取先金融機関の名称、支店名、支店の所在地、口座番号、口座名義等が確認できる書類
④ 　年金手帳その他基礎年金番号が確認できる書類
⑤ 　代理人が手続きを行う場合は委任状

　提出先は原則として年金事務所ですが、最後に加入していたのが共済組合で、かつ国民年金の保険料納付済期間が6か月未満の場合は、各共済組合等に請求手続をします。
　提出方法は郵送のほか、電子申請が可能です。旅行など就労以外の目的で来日した場合には、窓口での手続きも可能です。提出期限は、日本に住所を有しなくなってから2年以内です。

5. 会社都合で退職させた場合の即時帰国の必要性

Q235

外国人を会社都合で退職させることになりました。
本人はすぐ帰国しなければならないでしょうか。

A　退職後も求職活動を継続していれば、現在の在留資格と在留期間は有効です。また失業期間中については、事業主が発行した退職勧奨による退職または解雇であることを証明する退職証明書があれば、外国人が出入国在留管理局で資格外活動許可を得られる可能性があります。資格外活動許可を得ることができれば、週28時間以内のアルバイトができるようになります。

第5章

外国人雇用の税務

I 総 論

1. 日本に滞在する外国人の課税上の取扱い

Q236
日本に滞在する外国人の課税上の取扱いについて留意
すべき点を教えてください。

A 課税についての主な留意点は下記の通りです。

① 外国人に対する所得税や住民税の課税については、その居住形
態によって課税所得の範囲や計算方法が異なります

② 外国人に支払われる給与や報酬は、租税条約により課税の免除
や軽減が適用される場合があります

③ 所得税や住民税に限らず、外国人にも消費税の納税義務が発生
する場合があります

④ 在留資格の申請や更新時に必要な税務関連書類があります

⑤ 外国人本人だけではなく、その受入機関である法人等にも法令
の遵守が求められています

Ⅱ　居住者（永住者）・居住者（非永住者）・非居住者

1.　居住形態と納税義務

Q237

居住形態と納税義務について教えてください。

A　所得税は、居住形態によって、個人を居住者と非居住者に分け、さらに居住者を非永住者と非永住者以外の居住者（＝永住者）に分けた3区分とし、納税義務を課しています（**図表5－1**）。

（1）　居住者

国内に住所を有し、または現在まで引き続いて1年以上居所を有する個人をいいます。

（2）　非永住者

居住者のうち、日本国籍を有しておらず、かつ、過去10年以内において国内に住所または居所を有していた期間の合計が5年以下である個人をいいます。

（3）　非居住者

居住者以外の個人をいいます。

● 図表 5 − 1　納税義務者の区分

居住者	国内に住所を有し、または現在まで引き続いて1年以上居所を有する個人	永住者	非永住者以外の居住者
		非永住者	日本国籍を有しておらず、かつ過去10年間のうち5年以下の期間国内に住所または居所を有する個人
非居住者	居住者以外の個人		

2.　居住形態の判定

Q238

居住形態の判定について教えてください。

A　国内に住所を有し、または現在まで引き続いて1年以上居所を有する個人が「居住者」で、「居住者」以外の個人が「非居住者」となります。

住所は個人の生活の本拠をいい、生活の本拠であるかどうかは客観的事実によって判定することとされています。

居所は住所以外の場所で、その人の生活の本拠ではないけれども、その人が相当期間継続して現実に居住している場所とされています。ホテルやウィークリーマンションの部屋が該当することとなります。居住形態の判定において、在留資格の種類や在留期間は判断の参考にはなりますが、それだけで決定するわけではありません。

また、「企業内転勤」で日本に赴任する外国人で、辞令等において1年以上滞在することが明確な場合、赴任当初から居住者に該当することとする、といった推定規定が設けられています。

Ⅲ　所　得　税

1.　課税される所得の範囲

Q239

課税される所得の範囲について教えてください。

A　外国人の所得税の課税所得の範囲は居住形態により異なります。

(1)　居住者（永住者）

すべての所得（国内源泉所得および国外源泉所得）が所得税の課税範囲となります。

(2)　居住者（非永住者）

国外源泉所得以外の所得（≒国内源泉所得）および国外源泉所得で国内において支払われ、または国外から送金されたものが所得税の課税範囲となります。

(3)　非居住者

国内源泉所得が所得税の課税範囲となります。

国内源泉所得とは、恒久的施設帰属所得、国内にある土地建物等の譲渡の対価など、その源泉が国内にある所得その他一定のものを

いいます（☞**Q240**）。

国外源泉所得とは、その源泉が国外にある所得その他一定のものをいいます（☞**Q241**）。

年の中途に納税義務者の区分が異動した場合には、それぞれの期間内に生じたそれぞれの所得に対して所得税が課されます。

---

2. 国内源泉所得

Q240

国内源泉所得について教えてください。

A 国内源泉所得は、次に掲げるものその他一定のものをいいます。ただし、租税条約により異なる定めがある場合は、その租税条約の定めるところによります。

① 恒久的施設を通じて事業を行う非居住者のその恒久的施設に帰せられるべき所得等（恒久的施設帰属所得）

② 国内にある資産の保有、運用等により生ずる所得（下記に該当するものを除きます）

③ 国内にある資産の譲渡による所得

④ 組合契約事業利益の分配

⑤ 国内にある土地建物等の譲渡の対価

⑥ 国内において人的役務の提供を事業とする者が受ける対価

⑦ 国内にある不動産等の貸付けの対価

⑧ 日本国の国債、地方債、内国法人が発行する社債の利子

⑨ 国内にある営業所に預けられた預貯金の利子等

⑩ 内国法人から受ける配当等

⑪ 国内において行う勤務等に基因する給与または公的年金等

⑫　退職手当等のうち居住者期間の勤務に基因するもの

⑬　国内において業務を行う者に対する貸付金の利子

⑭　国内において業務を行う者から受ける工業所有権等の使用料等

⑮　国内において行う事業の広告宣伝のための賞金

⑯　国内にある営業所等を通じて締結した生命保険契約等の年金

⑰　国内にある営業所等を通じて締結した定期積金の給付補填金等

⑱　国内において事業を行う匿名組合からの利益の分配

なお、「恒久的施設」とは下記の場所等をいいます。

①　非居住者の国内にある支店、工場その他の事業を行う一定の場所

②　非居住者の国内にある長期建設工事現場等（建設等またはその建設等の指揮監督の役務の提供で1年を超えて行われるものを行う場所）

③　非居住者が国内に置く自己のために契約を締結する権限のある者等（非居住者の代理人）

3.　国外源泉所得

Q241

国外源泉所得について教えてください。

Ａ　国外源泉所得とは、その源泉が国外にある所得をいいます。

例えば、給与所得では国外で勤務したことにより生じる給与が該当します。その他、国外に所在する不動産にかかる所得や、国外の銀行の預金から発生する利子にかかる所得が該当します。

永住者は、国外源泉所得のすべてが課税範囲に含まれます。

非永住者は、国外源泉所得で日本国内において支払われ、または国外から送金されたものが課税範囲に含まれます。「日本国内において支払われた」とは、海外法人から非永住者の国内の銀行口座へ給与等が直接振り込まれた場合等が該当します。また、「国外から送金された」とは、非永住者の国外の銀行口座から国内の銀行口座へ資金を移管した場合等が該当します。

　非居住者の国外源泉所得は課税範囲に含まれません。

---

4. 確定申告

Q242

確定申告について教えてください。

A　居住形態にかかわらず、日本人と同様に一定の場合には確定申告が必要です。出国時や出国後にも確定申告が必要な場合があります。日本国内で得た収入がある外国人は、一定の場合、1月1日～12月31日の1年間を対象として所得税の確定申告を行います。

---

5. 出国時や出国後の手続き

Q243

出国時や出国後の手続きについて教えてください。

A　出国時や出国後には下記の手続きが必要となります。ここでいう「出国」とは、納税管理人の届出をせず、国内に住所および居所を有しない状態になることをいいます。

(1)　出国に伴う年末調整

　赴任した日本の法人などから給与の支払いを受けており、年末調整の対象となる外国人が、帰任などによって出国する場合には、その年の1月1日から出国までの国内源泉所得について年末調整を行う必要があります。

(2)　確定申告

　確定申告書を提出する必要がある外国人が出国をする場合には、出国をする時までに確定申告を行う必要があります。

　確定申告書を提出する必要がある外国人が出国をする時までに納税管理人の選任をして届出をした場合は、確定申告書の申告期限は通常の確定申告同様、翌年3月15日となります。

(3)　出国後に給与等の支払いがある場合

　出国後に国内勤務に対応する給与や賞与の支払いがあった場合には、その国内勤務に対応する部分は課税の対象となります。

　国内の法人からその給与等が支払われる場合には、その支払いを行う者が源泉徴収を行い、源泉徴収だけで課税関係が完結します。

　国外の法人からその給与等が支払われる場合には、源泉徴収が行われないため、確定申告を行う必要があります。この場合の確定申告は準確定申告ともいわれています。

Ⅳ　租税条約・租税協定

1. 日本に滞在する外国人に適用される租税条約

Q244
> 日本に滞在する外国人に適用される租税条約について教えてください。

A　租税条約では、国際的な二重課税を排除するため、一定の所得に対して課税の免除や軽減等を定めています。

　租税条約は国内法に優先して適用されるため、外国人の課税関係については国内法だけではなく、租税条約の有無や租税条約の適用関係も含めて検討をすることになります。日本に滞在する外国人に適用される主な租税条約の規定は下記の通りです。

① 短期滞在者免税　（☞**Q245**）
② 教授免税　（☞**Q246**）
③ 留学生免税　（☞**Q246**）
④ 事業修習者免税　（☞**Q246**）

2. 短期滞在者免税

Q245

短期滞在者免税について教えてください。

A 外国人のうち非居住者に支払われる給与などの報酬は、国内源泉所得として、原則20.42％の税率により課税されます。

ただし、日本が各国と締結している租税条約では、その国の居住者が日本に短期間滞在した場合の給与等について、日本での課税を免除する規定を設けている場合があります。

短期滞在者免税の適用要件は、租税条約の相手国により異なり、例えば日米租税条約では次の3つの要件のすべてを満たすことが必要となります。

① その課税年度において開始または終了するいずれの12か月の期間においても、報酬の受領者が他方の締約国内に滞在する期間が合計183日を超えないこと

② 報酬が他方の契約国の居住者でない雇用者またはこれに代わる者から支払われるものであること

③ 報酬が雇用者の他方の締約国内に有する恒久的施設によって負担されるものでないこと

なお、免除を受けるためには「租税条約に関する届出書」を提出する必要があります（**資料5－1**）。

提出は、入国の日以後、最初にその給与等の支払いを受ける日の前日までに行います。届出書の提出後、その記載事項に異動が生じた場合も同様となります。

◆資料５－１ 租税条約に関する届出書（短期滞在者の給与に対する所得税及び復興特別所得税の免除）

様式 7
FORM

税務署受付印

租 税 条 約 に 関 す る 届 出 書
APPLICATION FORM FOR INCOME TAX CONVENTION

自由職業者・芸能人・運動家・短期滞在者の報酬・給与に対する所得税及び
復興特別所得税の免除
Relief from Japanese Income Tax and Special Income Tax for Reconstruction on
Income Earned by Professionals, Entertainers, Sportsmen, or Temporary Visitors

この届出書の記載に当たっては、別紙の注意事項を参照してください。
See separate instructions.

税務署整理欄
For official use only

適用；有、無

番号確認　身元確認

税務署長殿
To the District Director, _____Tax Office

1　適用を受ける租税条約に関する事項；
Applicable Income Tax Convention
日本国と_____との間の租税条約第___条第___項
The Income Tax Convention between Japan and_____, Article____, para.____

2　報酬・給与の支払を受ける者に関する事項；
Details of Recipient of Salary or Remuneration

氏　　　名 Full name	
住　　　所 Domicile	（電話番号 Telephone Number）
個 人 番 号 （ 有 す る 場 合 の み 記 入 ） Individual Number (Limited to case of a holder)	
日 本 国 内 に お け る 居 所 Residence in Japan	（電話番号 Telephone Number）
（国　籍 Nationality）　　（入国年月日 Date of Entry）　　（在留期間 Authorized Period of Stay）　　（在留資格 Status of Residence）	

下記「4」の報酬・給与につき居住者として課税される国及び納税地(注6) Country where the recipient is taxable as resident on Salary or Remuneration mentioned in 4 below and the place where he is to pay tax (Note6)		（納税者番号 Taxpayer Identification Number）
自由職業者、芸能人又は運動家の場合（短期滞在者に該当する者を除く）日本国内の恒久的施設又は固定的施設の状況 In case of Professionals, Entertainers or Sportsmen (other than Temporary Visitors) : Permanent establishment or fixed base in Japan □有(Yes) , □無(No) If "Yes",explain:	名　称 Name	
	所 在 地 Address	（電話番号 Telephone Number）
	事業の内容 Details of Business	
短期滞在者の場合；以前に日本国に滞在したことの有無及び滞在したことのある場合にはその入国年月日等 In case of Temporary Visitors: Particulars on previous stay □有(Yes) , □無(No) If "Yes",explain:	（以前の入国年月日） Date of Previous Entry	（以前の出国年月日） Date of Previous Departure　（以前の在留資格） Previous Status Residence

3　報酬・給与の支払者に関する事項；
Details of Payer of Salary or Remuneration

氏 名 又 は 名 称 Full name		
住所（居所）又は本店（主たる事務所）の所在地 Domicile (residence) or Place of head office (main office)		（電話番号 Telephone Number）
個 人 番 号 又 は 法 人 番 号（ 有 す る 場 合 の み 記 入 ） Individual Number or Corporate Number (Limited to case of a holder)		
日本国内にある事務所等 Office, etc. located in Japan	名　称 Name	（事業の内容 Details of Business）
	所 在 地 Address	（電話番号 Telephone Number）

4　上記「3」の支払者から支払を受ける報酬・給与で「1」の租税条約の規定の適用を受けるものに関する事項（注7）；
Details of Salary or Remuneration received from the Payer to which the Convention mentioned in 1 above is applicable (Note 7)

提供する役務の概要 Description of Services performed	役 務 提 供 期 間 Period of Services performed	報酬・給与の支払期日 Due Date for Payment	報酬・給与の支払方法 Method of Payment of Salary, etc.	報酬・給与の金額及び月額・年額の区分 Amount of Salary, etc. (per month, year)

5　上記「3」の支払者以外の者から日本国内における勤務又は人的役務の提供に関して支払を受ける報酬・給与に関する事項（注8）；
Others Salaries or Remuneration paid by Persons other than 3 above for Personal Services performed in Japan (Note 8)

【裏面に続きます (Continue on the reverse) 】

270　第５章　外国人雇用の税務

6　その他参考となるべき事項（注9）：
Others (Note 9)

○　代理人に関する事項　；　この届出書を代理人によって提出する場合には、次の欄に記載してください。
　　Details of the Agent　；　If this form is prepared and submitted by the Agent, fill out the following columns.

代理人の資格 Capacity of Agent in Japan	氏名（名称） Full name		納税管理人の届出をした税務署名 Name of the Tax Office where the Tax Agent is registered
□　納税管理人　※ 　　Tax Agent □　その他の代理人 　　Other Agent	住所（居所・所在地） Domicile (Residence or location)	（電話番号 Telephone Number）	税務署 Tax Office

※　「納税管理人」とは、日本国の国税に関する申告、申請、請求、届出、納付等の事項を処理させるため、国税通則法の規定により選任し、かつ、日本国における納税地の所轄税務署長に届出をした代理人をいいます。

※　"Tax Agent" means a person who is appointed by the taxpayer and is registered at the District Director of Tax Office for the place where the taxpayer is to pay his tax, in order to have such agent take necessary procedures concerning the Japanese national taxes, such as filing a return, applications, claims, payment of taxes, etc., under the provisions of Act on General Rules for National Taxes.

○　適用を受ける租税条約が特典条項を有する租税条約である場合：
　　If the applicable convention has article of limitation on benefits

特典条項に関する付表の添付　　□有Yes
"Attachment Form for　　　　　　□添付省略 Attachment not required
Limitation on Benefits　　　　　（特典条項に関する付表を添付して提出した租税条約に関する届出書の提出日　　　　年　　　　月　　　　日）
Article" attached　　　　　　　Date of previous submission of the application for income tax
　　　　　　　　　　　　　　　 convention with the "Attachment Form for Limitation on Benefits
　　　　　　　　　　　　　　　 Article"

出典：国税庁

3.　大学教授、留学生、事業修習者の免税

Q246

大学教授、留学生や事業修習者の免税について教えてください。

A　来日した外国人である大学教授や留学生等が、下記の報酬等を受ける場合には、租税条約に基づいて日本での課税を免除される場合があります。

①　租税条約の相手国からの個人で学校教育法1条に規定する学校（小学校、中学校、高校、大学、高等専門学校等）において教育または研究を行う人（教授等）が、その教育または研究を行うことにより支払いを受ける報酬

② 租税条約の相手国からの個人で、学校教育法1条に規定する学校の児童、生徒もしくは学生（留学生）として、事業、職業もしくは技術の修習者（事業等の修習者）としてまたは政府もしくは宗教、慈善、学術、文芸もしくは教育の団体からの主として勉学もしくは研究のための交付金、手当もしくは奨学金の受領者として、それぞれ国内に一時的に滞在する人が、その支払いを受ける国外からの給付もしくは送金、交付金等または国内に一時的に滞在して行った人的役務の対価としての俸給、給料、賃金その他の報酬

　なお、免除を受けるためには「租税条約に関する届出書」を提出する必要があります。
　提出は、入国の日以後、最初にその報酬等の支払いを受ける日の前日までに行います。届出書の提出後、その記載事項に異動が生じた場合も同様となります（**資料5－2**）。

◆資料５－２　租税条約に関する届出書（教授等・留学生・事業等の修習者の報酬等に対する所得税及び復興特別所得税の免除）

様式 8
FORM

租 税 条 約 に 関 す る 届 出 書
APPLICATION FORM FOR INCOME TAX CONVENTION

税務署受付印

教授等・留学生・事業等の修習者・交付金等の受領者の報酬・交付金等に対する所得税及び復興特別所得税の免除
Relief from Japanese Income Tax and Special Income Tax for Reconstruction on Remunerations, Grants, etc., Received by Professors, Students, or Business Apprentices

この届出書の記載に当たっては、別紙の注意事項を参照してください。
See separate instructions.

税務署整理欄
For official use only

適用；有、無

番号確認　身元確認

税務署長殿
To the District Director, _____ Tax Office

1　適用を受ける租税条約に関する事項；
　　Applicable Income Tax Convention
　　日本国と_____との間の租税条約第___条第___項
　　The Income Tax Convention between Japan and_____, Article____, para.____

2　報酬・交付金等の支払を受ける者に関する事項；
　　Details of Recipient of Remuneration, etc.

氏　　　　　名　Full name	
日 本 国 内 に お け る 住 所 又 は 居 所　Domicile or residence in Japan	（電話番号 Telephone Number）
個 人 番 号 （ 有 す る 場 合 の み 記 入 ）　Individual Number (Limited to case of a holder)	
入 国 前 の 住 所　Domicile before entry into Japan	（電話番号 Telephone Number）
（年齢 Age）　（国籍 Nationality）　（入国年月日 Date of Entry）　（在留期間 Authorized Period of Stay）　（在留資格 Status of Residence）	
下記「4」の報酬・交付金等につき居住者として課税される国及び納税地(注6)　Country where the recipient is taxable as resident on Remuneration, etc., mentioned in 4 below and the place where he is to pay tax (Note 6)	（納税者番号 Taxpayer Identification Number）
日本国において教授若しくは研究を行い又は在学し若しくは訓練を受ける学校、事業所等　School or place of business in Japan where the Recipient teaches, studies or is trained	名　称　Name	
	所 在 地　Address	（電話番号 Telephone Number）

3　報酬・交付金等の支払者に関する事項；
　　Details of Payer of Remuneration, etc.

氏 名 又 は 名 称　Full name	
住所（居所）又は本店（主たる事務所）の所在地　Domicile (residence) or Place of head office (main office)	（電話番号 Telephone Number）
個 人 番 号 又 は 法 人 番 号 （ 有 す る 場 合 の み 記 入 ）　Individual Number or Corporate Number (Limited to case of a holder)	
日本国内にある事務所等　Office, etc. located in Japan	名　称　Name	（事業の内容 Details of Business）
	所 在 地　Address	（電話番号 Telephone Number）

4　上記「3」の支払者から支払を受ける報酬・交付金等で「1」の租税条約の規定の適用を受けるものに関する事項；
　　Details of Remuneration, etc., received from the Payer to which the Convention mentioned in 1 above is applicable

所 得 の 種 類　Kind of Income	契 約 期 間　Period of Contract	報酬・交付金等の支払日　Due Date for Payment	報酬・交付金等の支払方法　Method of Payment of Remunerations, etc.	報酬・交付金等の金額及び月額・年額の区分　Amount of Remunerations, etc. (per month, year).

報酬・交付金等の支払を受ける者の資格及び提供する役務の内容　Status of Recipient of Remuneration, etc., and the Description of Services rendered	

5　上記「3」の支払者以外の者から日本国内における勤務又は人的役務の提供に関して支払を受ける報酬・給料に関する事項（注7）；
　　Other Remuneration, etc., paid by Persons other than 3 above for Personal Services, etc., performed in Japan (Note 7)

【裏面に続きます (Continue on the reverse) 】

6　その他参考となるべき事項（注8）；
　　Others (Note 8)

○　代理人に関する事項　；　この届出書を代理人によって提出する場合には、次の欄に記載してください。
　　Details of the Agent ; If this form is prepared and submitted by the Agent, fill out the following columns.

代 理 人 の 資 格 Capacity of Agent in Japan	氏　名　（　名　称　） Full name		納税管理人の届出をした税務署名 Name of the Tax Office where the Tax Agent is registered
□　納税管理人　※ 　　Tax Agent □　その他の代理人 　　Other Agent	住所（居所・所在地） Domicile　（Residence or　location)	（電話番号　Telephone Number)	 税務署 Tax Office

※　「納税管理人」とは、日本国の国税に関する申告、申請、請
求、届出、納付等の事項を処理させるため、国税通則法の規定に
より選任し、かつ、日本国における納税地の所轄税務署長に届出
をした代理人をいいます。

※　"Tax Agent" means a person who is appointed by the
taxpayer and is registered at the District Director of Tax
Office for the place where the taxpayer is to pay his tax, in
order to have such agent take necessary procedures
concerning the Japanese national taxes, such as filing a
return, applications, claims, payment of taxes, etc., under the
provisions of Act on General Rules for National Taxes.

○　適用を受ける租税条約が特典条項を有する租税条約である場合；
　　If the applicable convention has article of limitation on benefits
　特典条項に関する付表の添付　└有Yes
　　"Attachment Form for　　　　└添付省略 Attachment not required
　Limitation on Benefits　　　（特典条項に関する付表を添付して提出した租税条約に関する届出書の提出日　　　　年　　　月　　　日）
　Article attached　　　　　Date of previous submission of the application for income tax ＿＿＿＿＿＿＿＿＿＿
　　　　　　　　　　　　　convention with the Attachment Form for Limitation on Benefits
　　　　　　　　　　　　　Article

出典：国税庁

Ⅴ　住　民　税

1.　住民税の取扱い

Q247

外国人の住民税の取扱いについて教えてください。

A　外国人の住民税の取扱いの概要は、下記の通りです。

(1)　住民税の対象となる個人

　個人の住民税は、賦課期日（当該年度の初日の属する年の1月1日）において住民基本台帳に記録されている個人（都道府県または市区町村に住所を有する個人）に対して課されます。

(2)　住所を有することとなる個人

　日本に在留する外国人のうち次に掲げる個人は、住民基本台帳に記録され、住所を有することになります。
①　中長期在留者（在留カードが交付された者）
②　特別永住者（特別永住者証明書が交付された者）
③　一時庇護許可者または仮滞在許可者
④　出生による経過滞在者または国籍喪失による経過滞在者

　したがって、中長期在留者などとして賦課期日に住民基本台帳に記録されている場合には、所得税の居住形態にかかわらず、住所を

有することとされ、住民税を納める義務が生じます。

(3)　住民税が租税条約の適用対象となる場合

　租税条約は住民税についても適用対象とする場合があります。適用対象となっている場合、日本における住民税の納税義務はありません。

2.　出国時や出国後の住民税の取扱い

Q248
　出国時や出国後の住民税の取扱いについて教えてください。

A　住民税の賦課期日前に出国をする場合には、その賦課期日に対応する年分の住民税の納税義務はありません。

　また、出国後に税務に関する事項を処理する必要がある場合には所得税と同様、出国時までに住民税の納税管理人の選任を行います。

3.　住民税の課税（非課税）証明書と納税証明書

Q249
　住民税の課税（非課税）証明書と納税証明書について教えてください。

A　課税（非課税）証明書は、個人の所得や扶養の状況および課税

額または非課税であることを証明するものです。住民税の課税額や所得金額、扶養家族の人数や控除の内訳、課税標準額が記載されています。また、非課税である場合には、その旨が記載されています。納付状況についての記載はありません。課税証明書には、各種手当などの申請、扶養認定申請、金融機関からの融資などの用途があります。

　一方、納税証明書は、納付すべき額、納付した額および未納額等を証明する書類です。納税義務者の住所、氏名、税目、年度、課税額、納付額、未納額が記載されています。課税の根拠となる所得や課税標準額等の記載はありません。納税証明書には、担保権の設定、指名参加願、帰化申請、保証人などの用途があります。

　在留期間の更新時にこれらの証明書の提出が必要となります。在留資格により異なるので、更新時には確認が必要です。

Ⅵ 消費税

1. 日本に滞在する外国人の消費税

Q250

日本に滞在する外国人に関係する消費税について教えてください。

A 消費税は、非課税とされるものを除き、国内における資産の譲渡、資産の貸付、役務の提供などの取引に課税されます。消費税の納税義務者は、国内取引を行った場合と輸入取引を行った場合に区分され、居住形態等で課税範囲を定める所得税とは異なります。

日本に滞在する外国人が個人事業者である場合など、国内において資産の譲渡、資産の貸付、役務の提供を行った場合には消費税の納税義務を有することとなります。なお、一定の要件に該当する場合は免税事業者となり、消費税の納税義務はありません。

2. 消費税の課税範囲

Q251

消費税の課税範囲について教えてください。

A 消費税の課税範囲は国内取引を行った場合と輸入取引を行った

場合に区分されます。

　国内取引については、事業者が行った資産の譲渡等が課税の対象となります。資産の譲渡等とは、次のすべての要件を満たす取引をいいます。

①　国内において行うものであること
②　事業者が事業として行うものであること
③　対価を得て行うものであること
④　資産の譲渡および貸付ならびに役務の提供であること

　事業者には個人事業者を含み、国内に住所または居所を有しているかは問いません。

　また、輸入取引については、保税地域から引き取られる外国貨物が課税の対象となります。この場合、引き取る者には輸入者となる個人も含みます。

3.　消費税の申告

Q252
| 消費税の申告について教えてください。 |

A　消費税の課税事業者となる場合は、課税期間の末日から2か月以内に消費税の確定申告書を提出し、その申告にかかる消費税額を納付しなければなりません。ただし、個人事業者の場合には、申告および納付の期限は翌年3月31日となります。また、個人事業者のうち、国内に住所または居所を有しない、もしくは有しないこととなる場合には、「納税管理人」を定めることになります。

Ⅶ 納税管理人

1. 納税管理人の選任

Q253

納税管理人の選任について教えてください。

A 外国人が出国して日本に住所または居所を有しなくなる（非居住者となる）場合には、確定申告書の提出、税務署等からの書類の受取り、税金の納付や還付金の受取り等、納税義務を果たすために「納税管理人」を定める必要があります。

「企業内転勤」で日本へ派遣されていた外国人が派遣期間の終了とともに出国し、非居住者となる場合、出国日までに年末調整（出国年調）を行うことになります。

一方、国内で支払われる給与の他に国外の法人から国内勤務に対応する給与が支払われていることがあります。このような場合、海外払いの給与についても出国時までに確定申告が必要となりますが、出国時までに納税管理人を選任したときは確定申告期限が翌年3月15日となります。

また、出国後に国内勤務に対応する給与や賞与が国外の法人から支払われる場合、出国時までに納税管理人を選任し、翌年3月15日までに確定申告を行うことは、実務上よく行われています。

なお、納税管理人は法人でも個人でも構いません。

2. 出国時や出国後に納税管理人を通して行う手続き

Q254

出国時や出国後に納税管理人を通して行う手続きについて教えてください。

A 出国時、納税管理人を定めたときは、非居住者となった個人の納税地を所轄する税務署長に「所得税・消費税の納税管理人の届出書」を提出する必要があります（**資料5－3**）。届出書の提出後、税務署等からの連絡は納税管理人宛に行われますが、確定申告書はその非居住者となった個人の納税地を所轄する税務署等へ提出します。

出国後は、納税管理人が税務署等への申告書の提出、納税その他納税義務者本人が行うべき税務に関する事項を代わりに処理します。

3. 納税管理人制度の改正

Q255

納税管理人制度の改正について教えてください。

A 令和3年度税制改正において、従来の納税管理人制度に加え、新たに特定納税管理人制度が創設されました。出国をした非居住者が自発的に納税管理人の届出をしていなかった場合等には、納税地の所轄税務署長等が国内に住所または居所を有する一定の者を納税管理人（特定納税管理人）に指定することが可能となりました。

本改正は令和4年1月1日から適用されており、国税庁の「特定納税管理人制度の概要（令和4年1月）」では、下記の通り紹介がされています。

(1)　納税者に対する納税管理人の届出をすべきことの求め

納税管理人を定めるべき納税者が納税管理人の届出をしなかったときは、所轄税務署長等（※）はその納税者に対し、国税に関する事項のうち納税管理人に処理させる必要があると認められる事項（特定事項）を明示して、60日を超えない範囲内において、その準備に通常要する日数を勘案して定める日（指定日）までに、納税管理人の届出をすべきことを求めることができるとされました。

　※　「所轄税務署長等」とは、その納税者にかかる国税の納税地を所轄する税務署長または国税局長をいいます。

(2)　国内便宜者に対する納税者の納税管理人となることの求め

納税管理人を選任すべき納税者が納税管理人の届出をしなかったときは、所轄税務署長等は、国内に住所または居所を有する者で特定事項の処理につき便宜を有する者（国内便宜者）に対し、その納税者の納税管理人となることを求めることができるとされました。

(3)　税務当局による特定納税管理人の指定

所轄税務署長等は、上記（1）の求めを受けた納税者（特定納税者）が指定日までに納税管理人の届出をしなかったときは、上記（2）により納税管理人となることを求めた国内便宜者のうち一定の国内関連者に特定事項を処理させる納税管理人（特定納税管理人）として指定することができるとされました。

◆資料5-3　所得税・消費税の納税管理人の届出書

<table>
<tr><td colspan="2">税務署受付印</td><td colspan="2"></td><td>1</td><td>0</td><td>7</td><td>0</td></tr>
</table>

所得税・消費税の納税管理人の届出書

| 税務署受付印 ○ | | | 1 0 7 0 |

_____ 税務署長

_____年_____月_____日提出

納　税　地	住所地・居所地・事業所等（該当するものを○で囲んでください。） （〒　　-　　　） 　　　　　　　　　　　　　　　　　　　　（TEL　　-　　-　　　）
上記以外の 住　所　地・ 事　業　所　等	納税地以外に住所地・事業所等がある場合は記載します。 （〒　　-　　　） 　　　　　　　　　　　　　　　　　　　　（TEL　　-　　-　　　）

フ リ ガ ナ		生年月日	
氏　　名			年　月　日生
個 人 番 号			
職　　業		フリガナ 屋　号	

所得税・消費税の納税管理人として、次の者を定めたので届けます。

1　納税管理人

　　　　　〒

　　住　　所

　　（居　所）_____

　　フリガナ

　　氏　　名_____　本人との続柄（関係）_____

　　職　　業_____　電話番号_____

2　法の施行地外における住所又は居所となるべき場所

　　　　　　　　_____

3　納税管理人を定めた理由

4　その他参考事項

　(1)　出国（予定）年月日　　_____年___月___日　　帰国予定年月日　　_____年___月___日

　(2)　国内で生じる所得内容（該当する所得を○で囲むか、又はその内容を記載します。）

　　　　事業所得　　不動産所得　　給与所得　　譲渡所得

　　　　上記以外の所得がある場合又は所得の種類が不明な場合（　　　　　　　　　　　　　　）

　(3)　その他

関与税理士 （TEL　　-　　-　　　）	税務署整理欄	整　理　番　号 0	関係部門 連　絡	A	B	C	番号確認 身元確認 □ 済 □ 未済
							確認書類 個人番号カード／通知カード・運転免許証 その他（　　　　）

出典：国税庁

Ⅷ　その他の制度

1. 在留資格の申請時や更新時に必要な税務書類

Q256

在留資格の申請時や更新時に必要な税務書類について
教えてください。

A　在留資格の申請時・更新時には、一定の申請書類の提出が必要
となります。

(1)　申請時に必要な税務書類

例えば、「企業内転勤」により日本へ赴任してくる場合は、所属
機関のカテゴリーにより異なりますが、所属機関の前年分の職員の
給与所得の源泉徴収票等の法定調書合計表（受付印のあるものの写
し）といった税務書類が必要です。

(2)　更新時に必要な税務書類

例えば、「企業内転勤」により日本へ赴任してきている場合は、
下記の税務書類が必要です。
① 　所属機関の前年分の職員の給与所得の源泉徴収票等の法定調書
合計表（受付印のあるものの写し）
② 　住民税の課税（または非課税）証明書及び納税証明書（1年間
の総所得及び納税状況が記載されたもの）

2. 租税関係法令の遵守

Q257

租税関係法令の遵守について教えてください。

A 出入国在留管理庁の特定技能運用要領では、「特定技能」の適正な運用を確保するため、特定技能所属機関および登録支援機関などに対して、租税に関する法令の規定を遵守していることを求めています。

(1) 法令を遵守していると評価される場合・されない場合

納付すべき税に未納があった場合であっても、出入国在留管理局の助言・指導に基づき納付した場合には、租税関係法令を遵守しているものと評価されます。税務署等において相談の上、必要な手続きを行います。

一方、特定技能外国人から特別徴収をした個人住民税を、特定技能所属機関が納入していないことに起因して、個人住民税の未納があることが判明した場合には、租税関係法令を遵守しているものとは評価されません。

特定技能所属機関が法人の場合、国税（源泉所得税および復興特別所得税、法人税、消費税および地方消費税）および地方税（法人住民税）の適切な納付（納税緩和措置（換価の猶予、納税の猶予または納付受託）を受けている場合を含みます）が必要です。

(2) 租税関係法令の遵守の確認対象となる書類

一定の事業規模があり、適切な受入れを行うことが見込まれる機関については、下記の書類の提出を省略することが可能です。該当

しない場合は、原則として2年に1回、提出が必要となります（※）。

① 国　　税

（ア）　税目を源泉所得税及び復興特別所得税、法人税、消費税及び地方消費税とする納税証明書（その3）

（イ）　上記税目のうち、未納がある税目にかかる「未納税額のみ」の納税証明書（その1）で、備考欄に換価の猶予、納税の猶予または納付受託中である旨の記載があるもの

　＊　納税緩和措置（換価の猶予、納税の猶予または納付受託）を受けている場合

② 地 方 税

（ア）　税目を法人住民税とする納税証明書（初めて受け入れる場合は直近1年分、受入れを継続している場合には直近2年分）

（イ）　納税緩和措置（換価の猶予、納税の猶予または納付受託）にかかる通知書の写し

　＊　納税緩和措置（換価の猶予、納税の猶予または納付受託）の適用を受けていることが、納税証明書に記載されていない場合

※　保険料および税のいずれにも滞納がない場合に限り、領収書や証明書等の提出は原則として2年に1回とし、提出を省略する当該申請においては、「公的義務履行に関する説明書（参考様式第1－27号）」（**資料5－4**）の提出が必要（保険料および税のいずれかに滞納がある場合には提出を省略することはできず上記に応じた領収書や証明書等の提出が必要）です。

　なお、出入国在留管理局は、特定技能所属機関に対して受入れが適正に行われていることを確認するために実地調査等を行うことがあり、必要に応じて領収書や証明書等の提出が求められることがあります。

参考様式第１－２７号

公的義務履行に関する説明書

第１　労働関係法令の遵守

　　　労働保険料（適用事業所のみ）

第２　社会保険関係法令の遵守

　１　健康保険・厚生年金保険の適用事業所の場合

　　　健康保険・厚生年金保険料

　２　健康保険・厚生年金保険の適用事業所の場合ではない場合

　（１）事業主の国民健康保険料

　（２）事業主の国民年金保険料

第３　租税関係の法令遵守

　１　法人の場合

　（１）国税（源泉所得税及び復興特別所得税、法人税、消費税及び地方消費税）

　（２）地方税（法人住民税）

　２　個人事業主の場合

　（１）国税（源泉所得税及び復興特別所得税、消費税及び地方消費税、相続税、贈与税）

　（２）地方税（個人住民税）

　以上のいずれについても、滞納はありません。

　なお、地方出入国在留管理局から、納付したことの証明を求められた場合には指導に従って関係書類を提出します。

　また、以上の説明が虚偽であった場合には、入管法令に関し不正又は著しい不当な行為をしたものとして５年間の受入れができないこととなることも理解しています。

年　　　　月　　　　日

特定技能所属機関名

出典：出入国在留管理庁

3. 国外転出時課税制度

Q258

国外転出時課税制度について教えてください。

A 居住者が国外転出時に保有する有価証券等の価額の合計額が1億円以上で、国外転出の日前10年以内に、国内に住所または居所を有していた期間の合計が5年超である場合には、その国外転出時にその有価証券等を譲渡したものとみなして所得税が課税されます。

(1) 国外転出

国外転出とは、国内に住所および居所を有しない状態となることをいいます。

(2) 国内に住所または居所を有していた期間から除かれる在留資格

国内に住所または居所を有していた期間からは、入管法別表第一の在留資格（「外交」、「教授」、「芸術」、「報道」、「経営・管理」、「法律・会計業務」、「医療」、「研究」、「教育」、「企業内転勤」、「技能」、「技能実習」、「短期滞在」、「留学」、「研修」、「家族滞在」等）をもって在留していた期間は除かれます。

よって、「企業内転勤」や「短期滞在」、「研修」のための来日は対象期間に含まれないため、多くの外国人はこの制度の適用を受けないこととなります。

4. 出国後に受け取る退職所得の課税

Q259

出国後に受け取る退職所得の課税について教えてください。

A 外国人が出国後に受け取る退職所得については、主に2つのパターンがあります。

(1) 出国後に退職手当等を受け取った場合

出国して非居住者となった外国人に国内の法人等から支払われる退職手当等は、国内勤務部分については国内源泉所得として、支払いの際に20.42％の税率により源泉徴収されることとなります。

① 退職所得に選択課税を適用可

非居住者が支払いを受ける国内勤務に基づく退職手当等については、退職所得の選択課税の適用を受けることができます。

退職所得の選択課税の適用を受けると、居住者として退職手当等の支払いを受けたものとみなし、通常の退職所得と同様の計算を行うことになるため、その税額が上記の20.42％の税率による税額より少なくなることがあります。源泉徴収がされている場合は、確定申告をすることによって所得税の全部または一部の還付を受けることができます。

② 選択課税制度で還付を受けるための手続き

この制度により所得税の還付を受けるには、退職手当等の支給を受けた年の翌年1月1日以後に確定申告を行います。同日以前に退職手当等の総額が確定している場合であれば、総額が確定した日以後に確定申告書を提出することができます。

また、退職所得の選択課税の適用を受ける場合には、納税管理人を選任する必要があります。

（2）　公的年金等の脱退一時金を受け取った場合

　公的年金制度が適用されていた外国人が公的年金等を脱退して出国をした場合、厚生年金への加入期間が6か月以上等の要件に該当すると、帰国後2年以内に日本年金機構に請求をすることにより、脱退一時金の支給を受けることができます。

　この脱退一時金は退職所得とみなされ、出国後に支給を受ける場合には、その支払いの際に20.42％の税率により源泉徴収されることとなります（厚生年金のみ、国民年金は源泉徴収されません）。

① 脱退一時金に選択課税を適用可

　非居住者が受ける脱退一時金は、上記同様退職所得の選択課税の適用を受けることができ、確定申告をすることによって源泉徴収された所得税の全部または一部の還付を受けることができます。

② 選択課税制度で還付を受けるための手続き

　この制度により所得税の還付を受けるには、脱退一時金の支給を受けた年の翌年1月1日以後に確定申告を行います。同日以前に脱退一時金等の総額が確定している場合であれば、総額が確定した日以後に確定申告書を提出することができます。

　また、退職所得の選択課税の適用を受ける場合には、納税管理人を選任する必要があります。

著者略歴

〈著　者〉

前川　研吾（まえかわ　けんご）

RSM汐留パートナーズ株式会社代表取締役

RSM汐留パートナーズ税理士法人パートナー

公認会計士（日本／米国）・税理士・行政書士

EY新日本有限責任監査法人監査部門にて製造業、小売業、情報サービス産業等の上場会社を中心とした法定監査に従事。また、同法人公開業務部門にて、株式公開準備会社を中心としたクライアントに対する、IPO支援、M&A関連支援、デューデリジェンス等のFAS業務に数多く従事。平成20年に汐留パートナーズ株式会社（現RSM汐留パートナーズ株式会社）を設立し代表取締役に就任。平成24年に汐留パートナーズ税理士法人（現RSM汐留パートナーズ税理士法人）を設立しパートナーに就任。

著書に、『外国人・外資系企業の日本進出支援実務Q&A』（日本法令）、『複式簿記の理論とJA簿記』（白桃書房）等がある。

景井　俊丞（かげい　しゅんすけ）

RSM汐留パートナーズ行政書士法人パートナー

行政書士

平成19年、行政書士・司法書士・土地家屋調査士の合同事務所に入所。建設業、宅建業等の許認可に携わりながら、申請取次行政書士として外国人の在留資格にかかる申請を年間300件以上行う。平成31年にデロイトトーマツ行政書士法人に入社。外国人の在留資格に関する品質管理や取次ぎ、社内教育を行うとともに、許認可を担当。在留資格においてはオリンピック、ラグビーワールドカップ関連にも従事。令和2年に汐留パートナーズ行政書士法人（現RSM汐留パートナーズ行政書士法人）に加入し、令和3年にパートナーに就任。

髙橋 圭佑（たかはし けいすけ）

RSM汐留パートナーズ社会保険労務士法人パートナー

社会保険労務士・行政書士

平成23年、東京都内の人事コンサルティング会社に入社し、人事・労務領域を中心としたアドバイザリー業務に従事。平成27年、ノータス経営労務事務所を設立、主に人事労務や企業法務に関するサービスを提供し、数多くのクライアントの成長をサポート。令和4年、ノータス経営労務事務所と汐留パートナーズ社会保険労務士法人（現RSM汐留パートナーズ社会保険労務士法人）との経営統合に伴い、パートナーに就任。

関口 智史（せきぐち さとし）

RSM汐留パートナーズ社会保険労務士法人パートナー

社会保険労務士

事業会社での業務やエンジニアを経て、平成27年、汐留社会保険労務士法人に入所。平成28年、汐留パートナーズ株式会社（現RSM汐留パートナーズ株式会社）における人事労務事業部の立ち上げに参画。上場会社・IPO準備会社・外資系企業等に対し人事労務分野の高度なコンサルティング業務を行う。令和2年、汐留パートナーズ社会保険労務士法人（現RSM汐留パートナーズ社会保険労務士法人）を設立しパートナーに就任。

土屋 明誠（つちや あきなり）

RSM汐留パートナーズ税理士法人パートナー

公認会計士（日本／米国）・税理士

有限責任監査法人トーマツに入所し、上場企業の会計監査業務に従事。平成24年、PwC香港に入所し、日系企業事業開発部のマネージャーとして香港および中国の日系企業に対する海外進出支援業務に従事。平成27年、ロックハート会計事務所を設立し、日本の外資系企業に対する会計税務・人事労務サービスを開始。平成28年フィリピンのマニラにアウトソーシングの拠点を設立しPresidentに就任。平成31年、汐留パートナーズ税理士法人（現RSM汐留パートナーズ税理士法人）と経営統合しパートナーに就任。

山村　一郎（やまむら　いちろう）

RSM汐留パートナーズ株式会社ゼネラルマネージャー

米国税理士

事業会社を経て、KPMG BRM株式会社（現KPMG税理士法人）に入社。その後デロイトトーマツ税理士法人を経て令和元年、汐留パートナーズグループに入社。国際業務に関して豊富な経験と幅広い知見を有し、数多くの日系グローバル企業、外資系企業に対して会計税務に関するコンサルティングサービス・アウトソーシングサービスを提供。令和4年には品質管理室長に就任し、社内の品質管理の向上にも注力している。

〈監　修〉

RSM汐留パートナーズ

コンサルティング・BPOサービスを提供する「RSM汐留パートナーズ株式会社」、会計税務アドバイザリーサービスを提供する「RSM汐留パートナーズ税理士法人」、人事労務アドバイザリーサービスを提供する「RSM汐留パートナーズ社会保険労務士法人」、在留資格・許認可業務を行う「RSM汐留パートナーズ行政書士法人」、商業登記・不動産登記・相続登記手続き関係を行う「RSM汐留パートナーズ司法書士法人」等からなるプロフェッショナルファーム。Big4に次ぐ国際的な会計ネットワークであるRSMの日本におけるメンバーファームを務める。

現場担当者が直面する疑問に回答！
外国人雇用の法務・労務・税務
Q&A259　　　　　　　　令和 4 年 12 月 20 日　初版発行

〒 101-0032
東京都千代田区岩本町 1 丁目 2 番 19 号
https://www.horei.co.jp/

検印省略

著　者	前　川　研　吾	
	景　井　俊　丞	
	髙　橋　圭　佑	
監　修	RSM汐留パートナーズ 株式会社	
発行者	青　木　健　次	
編集者	岩　倉　春　光	
印刷所	日本ハイコム	
製本所	国　宝　社	

（営 業）	TEL　03-6858-6967	E メール　syuppan@horei.co.jp
（通 販）	TEL　03-6858-6966	E メール　book.order@horei.co.jp
（編 集）	FAX　03-6858-6957	E メール　tankoubon@horei.co.jp

（オンラインショップ）　https://www.horei.co.jp/iec/
（お 詫 び と 訂 正）　https://www.horei.co.jp/book/owabi.shtml
（書 籍 の 追 加 情 報）　https://www.horei.co.jp/book/osirasebook.shtml

※万一、本書の内容に誤記等が判明した場合には、上記「お詫びと訂正」に最新情報を掲載
　しております。ホームページに掲載されていない内容につきましては、FAX または E メー
　ルで編集までお問合せください。

2022年、リニューアルオープン!!

税理士業務、企業実務に役立つ情報提供Webサービス

税理士情報サイト

Tax Accountant Information Site

https://www.horei.co.jp/zjs/

税理士情報サイトとは

「業務に役立つ情報を少しでも早く入手したい」
「業務で使える規定や書式を手軽にダウンロードしたい」
「日本法令の商品・セミナーを割引価格で利用したい」
などといった税理士の方のニーズにお応えする、
"信頼"と"実績"の総合Webサービスです。

税理士情報サイトの

1 税理士業務書式文例集

税理士事務所の運営に必要な業務書式はもちろん、関与先企業の法人化の際に必要となる定款・議事録文例、就業規則等各種社内規程、その他税務署提出書式まで、約500種類の書式が、編集・入力が簡単なWord・Excel・Text形式で幅広く収録されています。

●主な収録書式
各種案内・挨拶文例／業務処理書式／決算処理書式／税務署提出書式／労務書式／身元保証書等書式／取締役会議事録／株主総会議事録／売買契約書文例／賃貸借・使用貸借契約書文例／金銭消費貸借契約書文例／税理士法人関係書式／会計参与関係書式 ほか多数

2 ビジネス書式・文例集

企業の実務に必要となる書式、官庁への各種申請・届出様式、ビジネス文書、契約書等、2,000以上の書式・文例をWEB上でダウンロードすることができます（Microsoft Word・Microsoft Excel・PDF形式）。

●主な収録書式
社内外で必要とされるビジネス文書約600文例／契約書約270文例／内容証明約470文例会社規定19文例／各種申請書約800書式

3 電子書籍の無料提供

税理士にとって日頃の情報収集は必要不可欠。そこで、税理士情報サイトの有料会員向けに、年間に数冊、日本法令発刊の税理士向け書籍のWEB版（PDFファイル形式）を無料提供します。

4 ビジネスガイドWEB版

会社の総務・経理・人事で必要となる企業実務をテーマとした雑誌「月刊ビジネスガイド」のWEB版を無料で購読できます。

https://www.horei.co.jp/zjs/

お役立ちコンテンツ

5 税理士向け動画セミナー

無料会員向けの「セレクト動画」、有料会員向けの「プレミア動画」で、著名な税理士、弁護士、学者やその道のプロが、タイムリーなテーマを深く掘り下げてレクチャーします。いつでも時間が空いた時に視聴可能です。

6 税制改正情報ナビ

毎年度の税制改正に関する情報を整理し、詳しく解説します。税制改正に関する日々のニュース記事の配信と、日本法令刊『よくわかる税制改正と実務の徹底対策』WEB版、さらにはその著者による詳細な解説動画で、いち早く今年度改正の要点を押さえましょう！

7 税務判決・裁決例アーカイブ

税理士業務遂行上、さまざまな税務判断の場面で役立てたいのが過去の税務判決・裁決例。ただ、どの事例がどこにあるのか、探すのはなかなか一苦労だし、イチから読むのは時間がかかる…。そこで、このアーカイブでは「キーワード検索」と「サマリー」を駆使することで、参照したい判決・裁決例をピンポイントで探し出し、スピーディーに理解することが可能となります。

8 モデルフォーム集

税理士業務におけるチェック漏れによるミスを未然に防ぐため、さまざまな税務のチェック表、確認表、チェックリストほか、日常業務で活用できるオリジナルのモデルフォーマットを提示します。

9 弊社商品の割引販売

日本法令が制作・販売する書籍、雑誌、セミナー、DVD商品、様式などのすべての商品・サービスをZJS会員特別価格〈2割引き〉で購入できます。高額な商品ほど割引額が高く、お得です！

税理士情報サイト
Tax Accountant Information Site

会員限定無料動画シリーズ

大淵博義教授×三木義一教授
税務判例批評

大淵博義中央大学名誉教授と三木義一青山学院大学名誉教授が
最近の注目判決について語り尽くす！

第2回　最高裁令和4年4月19日判決
　　　──財産評価基本通達総則6項の最高裁判決と検証
第3回　東京高裁令和3年5月20日判決
　　　──みなし譲渡課税・差戻し控訴審判決を考える
第4回　東京地裁令和4年2月25日
　　　──商品先物取引に係る解決金の取得と更正の請求の是非

税理士情報サイトで、続々配信！

税理士情報サイト　お申込みの手順

① WEBで「税理士情報サイト」を検索
② トップページ右上の「新規会員登録」をクリック
③ 「無料会員登録」or「有料会員登録」を選択

[無料会員登録]

④ 「個人情報方針」への「同意」をチェックして「申込ページ」へ。
⑤ お名前とメールアドレスを入力して、お申込み完了。
⑥ お申込みを確認後、ご登録いただいたメールアドレス宛に、「ログインID（会員番号）：弊社が設定した5ケタの半角数字」と「パスワード：お客様が設定した8文字以上の半角英数字」をご連絡いたします。

[有料会員登録]

有料会員年会費　税込 **29,700** 円

④ 「個人情報方針」、「会員規約」、「Japplic利用規約」への「同意」をチェックして「申込フォーム」へ。
⑤ 入会申込フォームに必要事項を入力、お申込み。
⑥ お申込みを確認後、弊社から請求書と郵便振込用紙（払込取扱票）をお送りいたしますので、所定の年会費をお振り込みください。お振込みを確認後、ご登録いただいたメールアドレス宛に、「ログインID（会員番号）：弊社が設定した5ケタの半角数字」と「パスワード：お客様が設定した8文字以上の半角英数字」をご連絡いたします。

日本法令　お問合せ
〒101-0032　東京都千代田区岩本町1-2-19
株式会社日本法令　ZJS会員係
電話：03-6858-6965 FAX：03-6858-6968
Eメール：sjs-z@horei.co.jp